Und ich
schaffe
es doch!

Horst Conen

Und ich schaffe es doch!

So befreien Sie sich von negativen Lebensbotschaften und gewinnen an Selbstvertrauen

Weltbild

Genehmigte Lizenzausgabe 2008 für Verlagsgruppe Weltbild GmbH,
Steinerne Furt, 86167 Augsburg

Besuchen Sie uns im Internet:
www.weltbild.de

Der Autor

Horst Conen ist ein renommierter Coach und gefragter Experte zum Thema Selbst- und Lebensmanagement. Er hat zahlreiche Bücher verfasst, in denen er praxisnahe Hilfe zur Selbsthilfe anbietet und deren Auflagen Bestsellerniveau erreicht haben. Nähere Informationen zum Autor finden Sie auf Seite 215.

Weltbild Taschenbuch

Inhalt

»Das Glück des Lebens hängt von der
Beschaffenheit deiner Gedanken ab.«
Marc Aurel

Mit besonderem Dank an die Kölner Wissenschaftsjournalistin und Rundfunkmoderatorin Judith Grümmer, die für dieses Buch einen wichtigen Impuls gab.

Einführung

Manchmal stehen wir uns selbst im Weg. Ob beim Rendezvous, einem wichtigen beruflichen Gespräch oder einer Abendeinladung zu Hause, die harmonisch verlaufen soll, dann aber misslingt – irgendwie scheitern wir immer wieder an der gleichen Stelle. Wir haben zwar jedes Mal die besten Absichten und sind überzeugt, dass wir das Richtige tun. Wir bemühen uns, umsichtig zu sein und alles im Griff zu behalten. Doch ohne je zu erfahren, wo die Ursache für unser Scheitern liegt, sehen wir uns immer wieder mit den gleichen Problemen konfrontiert.

Sollten auch Sie manchmal das Gefühl haben, dass Sie viel zu oft an derselben Stelle in Schwierigkeiten geraten, dann ist dieses Buch genau für Sie gemacht. Denn es behandelt vorrangig das Thema: Woran liegt es, dass wir uns ständig selbst zu Fall bringen? Mit diesem Buch möchte ich Ihnen helfen, den »inneren Kobold«, der daran beteiligt ist, aufzustöbern und zu verjagen.

Das fängt beim eigenen Denken an, jener inneren Stimme, die uns manchmal etwas Falsches einredet. Und man muss sagen: Den meisten Menschen misslingen nur deshalb bestimmte Dinge, weil sie sich vorher einreden, dass sie nicht gelingen werden. Und weil das ein so weit verbreitetes Phänomen ist, das fast jeder kennt, nahm ich im Jahre 2001 als Experte an einer einstündigen Hörfunksendung des Westdeutschen Rundfunks in Köln teil, die speziell diesem Thema gewidmet war. Sie trug den Titel: »›Ich wusste, es geht schief‹ – sich selbst erfüllende Prophezeiungen im Alltag«.

Die Sendung fand enormen Anklang. Viele Hörer berichteten von Erlebnissen, die genau davon gekennzeichnet waren: Sie hatten sich selbst etwas Negatives eingeredet, und die Sache war dann jedes Mal auch negativ ausgegangen.

Weil sogar Monate nach der Sendung der Strom an Hörerfragen noch nicht abriss, entschied ich mich, mit diesem Buch Verständnishilfen zu schaffen. Und Sie werden sehen: Wer die Wirkungsweise seiner gedanklichen Programmierung besser versteht, hat den Trick bald heraus, wie er jene inneren Stimmen entlarven und entschärfen kann, die zuweilen dazu führen, dass man sich selbst schadet und dann tatsächlich eine schlechte Erfahrung macht.

Im 1. Kapitel erfahren Sie, wie es eigentlich dazu kommt, dass wir uns manchmal ungünstig programmieren. Dabei beleuchten wir das Phänomen, wie sehr unsere Erwartungen unsere Erfahrungen bestimmen. Sie werden davon lesen, wie negative oder positive Erwartungen überhaupt zustande kommen. So können Sie für sich selbst ermitteln, von welchen Erwartungen Sie sehr geprägt sind.

Im 2. Kapitel erhalten Sie eine Übersicht über das kulturelle Erbe, das uns alle gleichermaßen beeinflusst. Dabei wird Ihnen bewusst werden, wie sehr Geschichten und Bilder in uns aktiv sind und wie diese in uns Wertmaßstäbe ausprägen, die für unseren Schiffbruch verantwortlich sein können.

Im 3. Kapitel lernen Sie einiges über sich selbst. Vor allem aber ist es dazu gedacht, dass Sie jetzt ganz genau orten, welche Erfahrungen und Personen daran beteiligt sein könnten, dass Sie manchmal schlecht ankommen.

Die Einsichten, die Sie hier gewinnen, werden Ihnen helfen, sich zukünftig besser zu steuern.

Das 4. Kapitel ist ein reines Übungskapitel. Hier bekommen Sie sehr konkrete Übungen an die Hand, wie Sie aus negativen Gedankenprogrammierungen aus- und in positive einsteigen. Dabei ist mir wichtig, dass Sie möglichst alle Übungen einmal ausprobieren, um nachher jene für Ihr tägliches Leben zu übernehmen, mit der Sie sich selbst am besten aufbauen können.

Das 5. Kapitel ist speziell den Vorbeugungsmaßnahmen gewidmet: Wie können wir es schaffen, uns in Zukunft nichts mehr einreden zu lassen, was uns zum Nachteil gereichen könnte?

Und im 6. Kapitel möchte ich Sie dazu aufrufen, dass Sie sich nicht nur um sich selbst, sondern auch um Ihr Umfeld bemühen. Jeder von uns kann andere Menschen darin bestärken, nicht vor sich selbst zurückzuweichen, sondern auf die eigenen Ziele zuzugehen.

Ich bin sicher, dass Sie nach dem Weg durch diese Kapitel klarer sehen. Ich würde mich freuen, wenn Sie nach dem Lesen dieses Buches für sich selbst ermittelt hätten, wie Sie die für Sie typischen Schwierigkeiten in Zukunft abstellen könnten – wenn Sie in Zukunft statt: »Ich weiß, es geht schief« einfach sagen könnten: »Es wird gut«, und es wird deutlich besser, als es vorher war. Wenn dieses Buch dazu beitragen könnte, dann hätte es seinen Zweck erfüllt.

Ich wünsche Ihnen für diesen nicht immer ganz leichten Weg allzeit ein fröhliches Herz und gutes Gelingen.

Ihr Horst Conen

1. »Das wird ja sowieso nichts!«

Warum wir uns ungünstig programmieren

Kennen Sie diese Sprüche? »Das wird dir nicht gelingen«, »Das kannst du nicht«, »Das schaffst du nie«, »Das können die anderen besser als du«, »Aus dir wird mal eine gute Mutter« (meint: »... aber keine Frau, die Karriere macht«), »Der Junge wird noch mal genauso enden wie sein Vater«. Und Sie treten tatsächlich in des Vaters Fußstapfen. Oder Vorhaben gehen wirklich schief – ganz so, wie man es Ihnen prophezeit hatte. Oder Sie haben wahrhaftig oft das Gefühl, es nicht zu schaffen, weil Sie irgendwie unbegabt, unbeholfen, trottelig sind. Und Sie tun, wenn auch widerwillig, genau das, was andere Ihnen zuvor verheißen haben.

Das prägt sich ein. Das führt dazu, dass man sich irgendwann selber sagt: »Lass lieber die Finger davon, das geht sowieso daneben«, und dass man etwas unterlässt, wozu man in Wahrheit sehr wohl in der Lage wäre, wie etwa sich beruflich selbstständig zu machen oder sich den Traum vom eigenen, selbst gebauten Haus zu erfüllen. Das hat mit der Zeit Auswirkungen auf Ihr Selbstbild: Sie haben den Eindruck, tatsächlich benachteiligt zu sein – zumindest aber ein Mensch, der in vielerlei Hinsicht schwerer am Leben zu tragen hat als die anderen.

Vielen geht es so. Im Kleinen wie im Großen. Denn kaum, dass Sie denken, »das Tablett mit den Gläsern wird mir bestimmt aus der Hand rutschen«, ist es auch schon passiert. In dem Augenblick, in dem Sie Skepsis entwickeln, ob die Partygäste überhaupt kommen werden, rufen die ersten an und sagen ab.

Sobald einen vor dem ersten Rendezvous die Zweifel überfallen, ob der andere einen wohl attraktiv findet, stolpert man unglücklich und reißt sich mit dem Absatz eine riesige Laufmasche.

Die Reihe ließe sich unendlich fortsetzen. Und jeder – ob Frau oder Mann – hat sofort eine Erfahrung parat, die dazu passt. Ich denke, auch Sie: Ob es das wichtige Vorstellungsgespräch war, bei dem man sich dachte: »O Gott, du wirst bestimmt krank«, und tags darauf lag man mit Fieber im Bett. Oder die erste Begegnung mit den künftigen Schwiegereltern, von denen man sich zuvor schon dachte, dass sie an allem etwas auszusetzen haben. Und dann kommt es tatsächlich so: Die Schwiegermutter bemerkt nebenbei, dass die Topfpflanzen wohl dringend Wasser bräuchten, während sie gleichzeitig mit der Hand die nur flüchtig gebügelte Tischdecke glatt streicht. Denn ob erste Begegnungen mit Menschen, wichtige berufliche Termine, Prüfungen, Vorstellungsgespräche oder Lebensveränderungen: programmieren wir uns vorher auf negative Erwartungen, ergeben sich sogleich negative Effekte – zumindest nehmen wir sie als negativ wahr.

Aber gewiss kennen Sie auch genau die gegenteilige Situation: Sie haben sich gedacht: »Das gelingt mir« – und es gelang! Sie waren voll des guten Willens, eine schwierige Aufgabe zu bewältigen, und haben es allen Unkenrufen zum Trotz geschafft. Sie haben nicht darauf gehört, was andere Ihnen an »klugen« Ratschlägen mit auf den Weg gegeben haben, und sind genau den richtigen gegangen. Sie haben also positive Erwartungen für sich entwickelt und positive Effekte erzielt.

Nur leider ist uns Letzteres weniger vertraut. Verbreiteter ist es, dass wir negative Erwartungen hegen und sie dann auch bestätigt bekommen. Das nachstehende Beispiel stammt von dem bekannten amerikanischen Psychotherapeuten Paul Watzlawick. Der geschilderte Fall wird Ihnen bestimmt übertrieben vorkommen, aber im Grunde genommen tun wir alle zuweilen genau das Gleiche: Wir beschwören das eigene Desaster meisterlich herauf.

Ein Mann will ein Bild aufhängen. Den Nagel hat er, nicht aber den Hammer. Der Nachbar hat einen. Also beschließt unser Mann, hinüberzugehen und ihn auszuborgen. Doch da kommt ihm ein Zweifel: Was, wenn der Nachbar mir den Hammer nicht leihen will? Gestern schon grüßte er mich nur so flüchtig. Vielleicht war er in Eile. Aber vielleicht war die Eile nur vorgeschützt, und er hat etwas gegen mich. Und was? Ich habe ihm nichts angetan; der bildet sich da etwas ein. Wenn jemand von mir ein Werkzeug borgen wollte, ich gäbe es ihm sofort.

Und warum er nicht? Wie kann man einem Mitmenschen einen so einfachen Gefallen abschlagen? Leute wie dieser Kerl vergiften einem das Leben. Und dann bildet er sich noch ein, ich sei auf ihn angewiesen. Bloß weil er einen Hammer hat. Jetzt reicht's mir wirklich.

Und so stürmt er hinüber, läutet, der Nachbar öffnet, doch noch bevor er »Guten Tag« sagen kann, schreit ihn unser Mann an: »Behalten Sie Ihren Hammer, Sie Rüpel.«

Die Geschichte mit dem Hammer ist mittlerweile ein Klassiker. Und jeder, der sich mit dem Thema »Positives Denken« befasst, kommt nicht an ihr vorbei. Sie beschreibt ein Phänomen, das wir teilweise auch in diesem Buch behandeln werden: die sich selbst erfüllende Prophezeiung.

Nun fragen Sie vielleicht: Was hat das mit Prophezeiung zu tun? Dem Mann, der ein Bild aufhängen will, wird doch nichts prophezeit, er manövriert sich mit seinen negativen Erwartungen doch selbst in die Sackgasse hinein. Deshalb soll hier kurz erklärt werden, was eine sich selbst erfüllende Prophezeiung ist – der englische Fachausdruck dafür lautet »self-fulfilling prophecy«.

Sich selbst erfüllende Prophezeiungen im Alltag

Es erscheint uns manchmal wie Hexerei. Wir sagen: »Das wird sowieso nichts«, und schon entwickelt sich alles so, dass es am Ende wahrhaftig nichts wird. Doch mit Hokuspokus hat das nicht das Geringste zu tun. Dahinter steckt ein nachgewiesener Zusammenhang, auf den die Wissenschaft schon Ende des 19. Jahrhunderts aufmerksam wurde. Der Amerikaner Joseph Jastrow beschrieb erstmalig entsprechende Beobachtungen, ohne dass er schon den Begriff der sich selbst erfüllenden Prophezeiung dafür prägte. Jastrow bemerkte zum Beispiel, dass bei einem Athleten, der kurz vor dem Wettkampf fürchtete zu versagen, plötzlich das Zusammenspiel körperlicher und geistiger Kräfte nicht mehr optimal funktionierte. Der Sportler zeigte dann tatsächlich eine schwache Leistung und verlor den Wettkampf. Wörtlich schreibt Jastrow schon im Jahr 1900: »Die ständige Vorstellung eines möglichen Versagens im Erreichen des Zieles schwächt die Intensität der Anstrengung und verhindert die Realisierung der bestmöglichen Leistung.«

»Wenn das so einfach ist, warum sagen wir dann nicht jedes Mal ›Ich werde gewinnen‹ – und schon haben wir unseren persönlichen Wettkampf gewonnen?«, werden Sie sich jetzt fragen.

Deshalb eines schon jetzt in aller Deutlichkeit: Das Prinzip ist richtig, und doch reicht Sagen allein nicht. Denn die Aussage »Ich werde gewinnen« muss auch durch den Glauben »Ich werde gewinnen« unterstützt werden. Erst wenn Menschen wirklich glauben »Ich schaffe das«, dann gelingt es auch. Sie setzen sich gegen Widerstände durch, sie lassen sich nichts einreden und Zweifler sind für sie lediglich ein Anlass, umso energischer am guten Ausgang ihrer Sache zu arbeiten. Und tatsächlich, es gelingt: Der Schritt in die Selbstständigkeit, die Liebe über Hunderte von Kilometern hinweg, die Verwirklichung eines Traums – was auch immer. Was geschieht, wird zu einer Kette von Positiverlebnissen, die sich für das scheinbare Glückskind wie Perlen auf einer endlosen Schnur aneinanderreihen.

Aber bevor Sie jetzt resigniert den Kopf einziehen, weil Sie sich selbst eher für einen Pechvogel denn für ein Glückskind halten, noch zwei Nachrichten hinterher:

1. Auch Sie können es schaffen: Sie können aus der Kette von Negativerlebnissen aussteigen.
2. Sie müssen nur lernen, diesen Glauben zu entwickeln.

Doch bis dahin ist noch ein Stück Weg zurückzulegen. Schauen wir uns unterdessen noch einige andere Beispiele dafür an, wie unterschiedlich sich selbst erfüllende Prophezeiungen auftreten können. Eine weitere Jastrow-Untersuchung aus der Arbeitswelt ist nicht minder interessant:

1890 wurde die Hollerith-Tabelliermaschine erstmals in einem Amt aufgestellt, und die Mitarbeiter erhielten für die neu entwickelte Maschine eine intensive Schulung. Sie erfuhren vom Erfinder Hollerith persönlich, dass die neue Arbeit besondere Geschicklichkeit und Anstrengung erforderte und dass er davon ausginge, dass am Tag damit ungefähr 550 Karten zu bearbeiten seien.

Nach zwei Wochen Einarbeitungszeit waren die Angestellten entsprechend trainiert und erledigten 550 Karten am Tag. Nach einiger Zeit überschritten sie sogar die erwartete Menge, schafften bis zu 700 Karten am Tag, allerdings nur unter großer Anstrengung. Die Angestellten zeigten so starke Erschöpfungssymptome, dass der Innenminister sogar verbot, künftig Mindestleistungen vorzuschreiben.

Es wurden 200 weitere Mitarbeiter für die neuen Maschinen angestellt, die keine Mindestzahl vorgegeben bekamen und auch nicht intensiv vom Erfinder geschult wurden. Man zeigte ihnen lediglich, was sie ganz konkret zu tun hatten. Innerhalb von drei Tagen erreichten die neuen Mitarbeiter eine Leistung von 700 Karten und steigerten sich in der Folgezeit auf einen Ausstoß von über 2000 Karten pro Tag, ohne besonders erschöpft zu wirken.

Der Kernpunkt dieser Untersuchung ist: Nur weil den Arbeitern gesagt worden war, dass kaum mehr als 550 Karten zu schaffen seien, schafften sie auch nur wenig mehr. Und weil ihnen vorhergesagt worden war, dass besondere Geschicklichkeit und Anstrengung für die neue Arbeit vonnöten sein werde, waren sie dann auch tatsächlich total erschöpft. Die uninformierte, »schlechter vorbereitete« Gruppe war nicht auf eine bestimmte Grenze und auf besondere Probleme eingestellt und erreichte ganz locker viel mehr. Die Vorhersage hatte bei der ersten Gruppe dafür gesorgt, dass das Ergebnis auch tatsächlich eintrat.

Vorsicht: mentale Panikmache

Das nächste Beispiel stammt aus der Welt der Finanzen. Der amerikanische Soziologe Robert K. Merton schrieb 1948 in der Zeitschrift »Antioch Review« einen Artikel mit dem Titel »The Self-Fulfilling Prophecy«. Darin berichtet er von einer sich selbst erfüllenden Prophezeiung im Bankwesen: dem Zusammenbruch der »Last National Bank«. Das Geldinstitut war zuerst absolut solide und hatte keinerlei Probleme, bis eines Tages das Gerücht von einem bevorstehenden Bankenzusammenbruch verbreitet wurde. Viele glaubten dem Gerücht, ängstigten sich plötzlich um ihr Geld und liefen in Panik zur Bank, um ihr Erspartes rasch abzuheben. Da dies keine Bank verkraftet, war die »Last National Bank« am Abend wirklich zahlungsunfähig.

Das Typische an einer sich selbst erfüllenden Prophezeiung ist: Eine Äußerung wird zum Schneeball, der eine Lawine auslöst. Die mentale Panikmache wird zum Selbstläufer. Aus lauter Hysterie in der Art: »Das wird sowieso nichts«, »Das wird bestimmt schlimm enden« oder: »Ich weiß, es geht schief«, steuern wir zielsicher auf das Missgeschick zu. Das funktioniert, wie wir inzwischen gesehen haben, nicht nur im Privatleben so, sondern auch in Industrie und Wirtschaft. Einschlägig bekannt sind sich selbst erfüllende Prophezeiungen auch an der Börse. Jeder Aktienbesitzer weiß davon ein Lied zu singen. Allein die Vermutung, eine Aktiengesellschaft könne einen großen Auftrag bekommen, kann die Kurse in die Höhe schnellen lassen, was wiederum das Unternehmen rasch gut aussehen lässt und womöglich dazu führt, dass es den Auftrag tatsächlich bekommt. Das tagtägliche Auf und Ab an der Börse lebt von solchen Prognosen: Ein positives Wort beflügelt, ein negatives lässt die Kurse wieder fallen.

Das Phänomen der sich selbst erfüllenden Prophezeiung liefert also jede Menge Stoff für Geschichten und Anekdoten. Wir werden noch einige davon hören. Doch selbst, wenn wir alle Geschehnisse zusammennähmen, so wäre schlussendlich nicht eindeutig zu klären, warum dies alles so vonstatten geht – sonst würde man nicht von einem Phänomen sprechen. Dingfest machen können die Wissenschaftler es also nicht. Hinzu kommt, dass jeder Forscher das Phänomen aus dem Blickwinkel seines Fachgebiets betrachtet und deshalb zu anderslautenden Definitionen kommt. Die eindeutigste habe ich bei Dr. Peter H. Ludwig gefunden, Privatdozent an der Philosophischen Fakultät in Augsburg. Sie lautet: »Eine sich selbst erfüllende Voraussage ist eine Voraussage, die ihre eigene Erfüllung selbst bedingt.«

Falls Ihnen das immer noch zu nebulös ist, will ich es

mit einer »alltagstauglichen« Erklärung versuchen. Denn so richtig und wichtig es ist, von den unterschiedlichen Untersuchungsergebnissen der Psychologen und Wissenschaftler zu wissen, am Ende finden sich selbst erfüllende Prophezeiungen ja auch im ganz normalen Alltag statt – in der Umgebung, in der wir die meiste Zeit unseres Lebens verbringen. Und da meine Tätigkeit als Erfolgs- und Lebensberater mich hautnah mit Menschen in Berührung bringt, denen es im alltäglichen Leben darauf ankommt, sich mental besser zu programmieren, ist meine Definition ohne wissenschaftlichen Anspruch und eher fürs Praktische gedacht. Also für die Frauen und Männer, die sich im Privatleben und im Beruf nicht selbst ein Bein stellen wollen, indem sie sich selbst ungünstig programmieren – für alle, die befreiter, glücklicher und erfolgreicher sein möchten. Auch Sie darf ich wohl in diese Reihe einschließen, sonst hielten Sie dieses Buch nicht in Händen.

Meine Definition lautet: »Eine sich selbst erfüllende Prophezeiung wird davon bestimmt, was wir erwarten. Erwarten wir Gutes, nehmen wir sogar weniger Gutes als etwas Gutes wahr. Erwarten wir Schlechtes, finden wir an allem, was uns begegnet, etwas Schlechtes. Denn das, was wir erwarten, erfahren wir auch. Wir programmieren uns darauf.«

Lebensbotschaften werden uns eingepflanzt

Die Erwartung und der sogenannte »Erwartungseffekt« sind also zentrale Elemente einer sich selbst erfüllenden Prophezeiung.

Doch woher kommen die Erwartungen? Warum denken wir überhaupt solche Dinge wie: »Das geht garantiert daneben«?

Dies vorneweg: Hier geht es nicht darum, dass Sie etwas durchführen sollen, was tatsächlich Ihre Fähigkeiten übersteigt. Natürlich würde es keinen Sinn machen, einen Marathon zu laufen, wenn Sie nicht einmal regelmäßig joggen gehen. Es wäre auch dumm, ein Klavierkonzert zu geben, wenn Sie nur »Hänschen klein« spielen können.

Es soll vielmehr klar werden, dass allein durch die gedankliche Existenz von Erwartungen Verhaltensweisen ausgelöst werden, die den Erwartungseffekt vorantreiben.

Das heißt: Die sich selbst erfüllenden Prophezeiungen des Alltags werden durch jene Sätzchen wie: »Das schaffe ich nie« oder: »Dafür bin ich nicht die Richtige« oder: »Ich habe einfach kein Glück« von uns auf den Weg gebracht. Diese Sätze sind in der Regel nicht das Ergebnis objektiver Erfahrungen. Meist sind es Botschaften, die wir uns selbst geben. So steuern wir dann auf eine Negativerfahrung hin – nicht nur einmal, sondern in bestimmten Situationen immer wieder und oft sogar ein ganzes Leben lang. Ich spreche daher von »Lebensbotschaften«:

- Botschaften, die uns möglicherweise von anderen Menschen verbal oder nonverbal für unser Leben eingepflanzt wurden und die wir selbst aufrechterhalten,
- Botschaften, die wir uns ganz alleine aufgebaut haben, aufgrund unserer subjektiven Bewertung bestimmter Erlebnisse,
- Botschaften, die tief unter der Oberfläche schlummern und von dort immer wieder neue Triebe nach oben schicken.

Das war die schlechte Nachricht. Die gute Nachricht aber ist: Lebensbotschaften sind veränderbar. Denn in Wahrheit gibt es keinen Zwang zum »Nichtkönnen« oder etwa »Versagen«, bloß weil uns dies von anderen eingetrichtert wurde oder wir es uns selbst immer wieder sagen. Was wirklich existiert, ist nur ein Programm im Kopf. Das heißt: Die Lebensbotschaft, die uns seit Jahrzehnten präsent ist, wird nur von einem Gedankenkreislauf gebildet, den wir immer wieder auf die gleiche Weise abspulen.

Hier setzt dieses Buch an. Denn wenn wir fremde oder selbst geschaffene geistige Programme aufrechterhalten – ohne Zwang von außen, ganz allein, einfach nur, weil wir das so gewohnt sind –, dann können wir uns auch umgewöhnen. Wenn wir erkennen, wie nachteilig ein negatives Gedankenschema für unser Leben ist, dann können wir auch lernen, es umzuwandeln – ganz gleich, ob wir Banker oder Studentin, Führungskraft oder Sachbearbeiter, Familienvater oder alleinerziehende Mutter, intellektuell oder handfest veranlagt, Anfang 30 oder Mitte 60 sind.

Zwei Dinge sind dazu notwendig. Erstens: Dass wir ein negatives Programm erkennen. Zweitens: Dass wir uns ein positives antrainieren.

Gehen wir zunächst weiter auf dem Weg der Selbsterkenntnis. Lebensbotschaften wurzeln meist in Kindheit oder Jugend, manchem werden sie gar in die Wiege gelegt. Der deutsch-kanadische Professor Dr. Klaus Minde, Chefarzt der Kinder- und Jugendpsychiatrie an der McGill University in Montreal, beschäftigt sich vor allem mit der Entwicklung von Frühgeborenen und wird im Rahmen seiner Arbeit oft mit den Erwartungen von Eltern an ihre

Kinder konfrontiert. Auf einem Vortrag im Jahr 1999 zeigte er einen Cartoon. In einer Sprechblase war zu lesen:

»Sie sehen hier den nächsten Ober-Manager von Louis' Pizzadienst« – das erklärt ein frischgebackener Vater vor dem Sichtfenster der Neugeborenenstation einem Arzt. Solche Botschaften begleiten manches Kind vom ersten Tag seines Lebens an.

Professor Minde berichtete auch von einer Mutter, die angesichts ihrer extrem früh geborenen Zwillinge – jedes hatte nur etwa 600 Gramm Gewicht – folgende Erwartungen äußerte: »Das wird mal ein Professor, der sieht wie sein Onkel aus. Und der sieht ganz anders aus, der wird vielleicht ein Dieb.« Eine andere Zwillingsmutter behandelte den ihrer Meinung nach »stärkeren« und den »schwächeren« Zwilling von Anfang an so ungleich, dass jeder Außenstehende die eineiigen Zwillinge schon mit drei Monaten deutlich unterscheiden konnte, weil sie so unterschiedlich entwickelt waren. Nur die Mutter hatte Probleme mit der Unterscheidung und brauchte immer farbige Bändchen dafür. Sie bemerkte die Ungleichbehandlung nicht. Die Zwillinge jedoch wachsen mit dieser Lebensbotschaft auf: Professor und Dieb, gepäppelt und vernachlässigt.

Lebensbotschaften können also sowohl über Worte als auch über Gesten vermittelt werden – also die ganze Art und Weise, wie wir jemanden behandeln. In den meisten Fällen findet das in Kindheit und Jugend (etwa in der Ausbildung) statt. Wir alle wissen, dass in dieser Zeit das, was wir erfahren, am eindringlichsten wirkt. Weil Kinder und Jugendliche alles ungefiltert aufnehmen und sich aus diesen Informationen ihr eigenes Weltbild bauen, werden die Botschaften, die wir in dieser Zeit aufnehmen oder die man uns weitergibt, von uns wie in Stein gemeißelt oder: wie als Lebenspflanzen eingesetzt. Und es bedeutet nicht selten eine Lebensaufgabe, die so gepflanzten Botschaften zu verändern, denn sie verhalten sich oft wie Unkraut: Auch wenn es uns nicht gefällt, es will immer wieder Raum greifen und ist zählebiger als jede Blume, die wir viel lieber auf dem Beet unseres Lebens stehen hätten.

Manchmal haben wir allerdings am Zustand unserer Lebensbotschaften einen erheblichen Anteil. Das heißt, wir bauen sie weiter aus. Und wir basteln sie uns nicht selten so zurecht, dass wir damit Defizite im Leben anklagen können, die wir uns selbst schaffen. So wie Dörthe zum Beispiel:

Dörthe ist die mittlere von drei Geschwistern und ihr Leben steht von Anfang an unter einem unglücklichen Stern: Bei der Geburt bekommt sie nicht genug Luft und muss unters Sauerstoffzelt. Als Kind ist sie daher sehr schwächlich, ständig krank und wird deswegen in der Schule oft geneckt. Überhaupt hat sie es nicht mit der Schule: Während der ältere Bruder und die jüngere Schwester Abitur machen und studieren, schafft sie »nur« die Hauptschule und macht danach eine Lehre. »Ich bin eben dumm, ich kapier das nicht«, wird ihre ständige Begründung, wenn am Familientisch Debatten geführt werden, bei denen sie erst gar nicht zu Wort kommt.

Das Gefühl, benachteiligt zu sein, wird für Dörthe zum Programm, das sich immer bestätigt – sogar bei ihrer ers-

ten großen Liebe. Diese scheitert an den Eltern ihres Freundes, die sich für ihren Sohn eine Frau wünschen, »die auch etwas hermacht«.

Mit Mitte 20 glaubt sie den Grund für ihre Defizite entdeckt zu haben: Sie ist das mittlere Kind. Während das älteste besondere Aufmerksamkeit genießt und das jüngste Kind eher verhätschelt wird, fällt dem mittleren oft keine besondere Rolle zu. Das interpretiert Dörthe für sich selbst so, dass sie einfach nicht so geliebt wurde, dass sich keiner für sie interessiert hat und sie aus diesem Grund jetzt »nichts ist« und »nichts kann«.

Und das setzt sich fort: Ende 20 wird sie ungeplant schwanger. Sie heiratet, doch die Ehe geht in die Brüche. Mühsam findet sie einen Job, der jedoch mit vielen Problemen verbunden ist, was sie zwingt, den Arbeitsplatz wieder zu wechseln. Weil ihre kleine Tochter jedoch Schulprobleme hat, reduziert sie ihre Arbeitszeit auf 20 Stunden pro Woche. Die schulischen Leistungen des Kindes bessern sich zwar, dafür ist jetzt das Geld ständiger Sorgenfaktor.

Dörthe betrachtet ihr Leben als eine Kette von Benachteiligungen. Sie klagt immer wieder: »Alle anderen haben es besser, und wenn bei denen mal was schiefläuft, sind sie selber dran schuld.« Sie hat wenig Selbstbewusstsein, ist auch mit sich unzufrieden und erzählt jedem, dass sie vom Leben immer schlecht behandelt wird. Neue Aufgaben packt sie mit großer Skepsis an: »Bei mir wird das ja sowieso nichts«, und der Lauf der Dinge bestätigt jedes Mal ihre Befürchtungen. Mit einer Mischung aus Neid und Resignation blickt sie auf ihre Geschwister, die alleinstehend und beruflich erfolg-

reich sind, und auf die heilen Familien ringsum, die, wie sie sagt, kein Verständnis für sie und ihre Probleme als Alleinerziehende haben.

Kommt Ihnen Dörthe bekannt vor? Sind Ihnen Menschen, die so vom Pech verfolgt scheinen, schon einmal über den Weg gelaufen? Oder erkennen Sie sogar eigene Erfahrungen und Gefühle wieder? Schauen wir weiter. Ein Gegenbeispiel zu Dörthe ist Bastian.

Bastian wurde als mittleres Kind in eine musikalische Familie hineingeboren. Die Eltern haben beide Musik studiert, leiten Instrumentalensembles und geben Musikunterricht. Der Klavierunterricht war für Bastian und seine Geschwister eine Selbstverständlichkeit, Geigen gehörten zur Familie.

Groß war die Überraschung im Familienkreis, als er mit sieben Jahren verkündete, er wolle Cello lernen. Die Skepsis: »So ein großes Instrument für so ein kleines Kind« wich schnell der Einstellung: »Na, wenn du das gerne möchtest, dann mach mal! Wir unterstützen dich darin.« Mithilfe von Freunden wurde ein Lehrer gefunden, der bereit war, den ungewöhnlich jungen und sehr zierlichen Schüler aufzunehmen. Das Instrument wurde in Kindergröße organisiert, und so begann Bastian fröhlich und mit großer Selbstsicherheit auf dem Cello zu üben.

Parallel dazu besuchte er einen bekannten Knabenchor, stieg bis zum Solisten auf und hatte sogar internationale Erfolge. Das brachte ihn aber nicht von seinem Cello ab. Er machte beharrlich Fortschritte, die er stets als etwas ganz Normales annahm. Bereits als Jugend-

licher wurde er Gaststudent an der Musikhochschule und stieg dort nach dem Schulabschluss in ein intensives Studium ein. Mittlerweile hat er bereits erste Preise gewonnen und man darf gespannt sein, was aus dem inzwischen hochaufgeschossenen jungen Mann noch wird.

Was haben Dörthe und Bastian nun gemeinsam? Auffällig ist: In beiden Fällen hat das Umfeld kräftig mitgewirkt, haben frühe Erfahrungen die Persönlichkeit mitgeformt. Doch wir dürfen nicht übersehen, dass ein wesentlicher Faktor dafür, wie diese beiden sich entwickelt haben, die Erwartung war, die sie an sich selbst stellten. Dörthe: »Ich bin ›nur‹ das mittlere Kind und damit benachteiligt – also kann mir ja auch nichts Gutes widerfahren.« Bastian: »Ich bin das mittlere Kind, aber nicht schlechter als meine Geschwister – also her mit dem Cello.«

Die Erwartungen sind also ein zentraler Auslöser für das, was uns im Leben widerfährt. Wir erwarten etwas, und es tritt ein. Das wundert uns nicht, wir haben es ja erwartet. Aber die Theorie von der sich selbst erfüllenden Prophezeiung besagt, dass es nur eingetreten ist, weil wir es erwartet haben – weil die Erwartung einer Sache, der feste Glaube an etwas unbewusst Kräfte mobilisiert, die geeignet sind, das Geglaubte zu verwirklichen.

Wie Erwartungen unser Leben regieren

Beleuchten wir den Begriff »Erwartung« etwas näher. Erinnern Sie sich: Der Mann ohne Hammer erwartet, dass der Nachbar, der einen Hammer besitzt, nicht hilfsbereit ist. Er macht sich nicht bewusst, dass er schließlich nur durch seine Erwartungen in Rage gerät und überfallartig an der Nachbarstür klingelt.

Erwartungen bestimmen unser Verhalten ständig: Viele Frauen erwarten beim Rendezvous, dass der Mann den ersten Schritt macht. Viele Einzelkinder erwarten, dass sie immer im Mittelpunkt stehen. Viele Angestellte erwarten, dass ihr Chef oder die Arbeit sie überfordern. Wir erwarten, dass andere das tun, was wir von ihnen erwarten. Die anderen erwarten, dass wir das tun, was sie von uns erwarten.

Was ist eine Erwartung überhaupt? Eine Erwartung enthält einen Anteil an Gewissheit. Verwandte Begriffe sind Hoffnung, Wunsch, Ziel, Zuversicht, Vertrauen, Zutrauen. Im negativen Sinn wird Erwartung zur Befürchtung, zu Sorge, Angst und Bedrohung. Zur Erwartung im Sinne der sich selbst erfüllenden Prophezeiung gehören auch Vorstellungen, Einstellungen, das eigene Weltbild, die Fantasie, der Glaube, die Überzeugung.

Erwartungen sind ständig präsent. Sie bestimmen unseren Alltag viel stärker, als uns das bewusst ist. Erwartungen werden nur deshalb als Besonderheit betrachtet, weil uns die meisten Erwartungen nicht bewusst sind. Wissenschaftler stellten fest, dass Menschen im Alltag dazu neigen, sehr unkritisch eigene Theorien und Hypothesen zu entwickeln. Selbst wenn zwischen zwei Dingen oder Ereignissen nur sehr schwache Wechselbeziehungen herrschen, sind wir schnell dabei, sie in einen systematischen Zusammenhang zu bringen oder gar das eine für die Ursache des anderen zu halten. Anders ausgedrückt: Wenn es gerade gut passt, dann basteln wir schnell zwei Dinge/Ereignisse zu einer plausiblen Geschichte zusammen, obwohl objektiv kein Zusammenhang besteht. Zum Beispiel: »Wenn ich mal in Urlaub fahre, ist immer schlechtes Wetter«, »Wenn ich morgens zu spät dran bin, sind immer alle Ampeln rot«, »Wenn ich zu einem dringenden Termin muss, hat die Bahn immer Verspätung«.

Wenn uns nun solche Erwartungen und selbstkonstruierte Zusammenhänge ständig auf einen negativen Pfad führen, wäre da nicht die einfachste Lösung, einfach nichts zu erwarten? Diese Frage hat eine philosophische Dimension, auf die ich hier leider nicht eingehen kann, aber ich bin überzeugt davon, dass der Mensch nicht nichts erwarten kann. Denn sobald wir mit anderen Menschen zusammenkommen, erwarten wir etwas von ihnen: einen Gruß, ein freundliches Lächeln, eine Antwort, eine Auskunft, eine Eintrittskarte, eine Ware, ein Gespräch, einen Hammer oder eben einen böswilligen Nachbarn. Erwartungen helfen uns durchs Leben, denn kein Mensch ist in der Lage, stets auf alle denkbaren Möglichkeiten gefasst zu sein oder dem Ausgang einer Geschichte ohne Erwartung entgegenzusehen.

Doch welcher Zusammenhang besteht nun zwischen einer Erwartung und einem tatsächlichen Ereignis? Allgemein hat sich die Ansicht verbreitet, dass der Mensch seine Erwartungen aufgrund von Erfahrungen entwickelt. Tritt ein bestimmtes Ereignis infolge bestimmter Voraussetzungen mehrfach ein, so erwarten wir irgendwann, dass das Ereignis immer so eintritt. Wenn wir zum Beispiel morgens mit dem Auto zur Arbeit fahren, dann erwarten wir, dass wir heil ankommen. Diese Erwartung resultiert aus der Erfahrung, vieltausendfach unfallfrei den Weg zur Arbeitsstelle gefahren zu sein. Die Erwartung folgt dem Ereignis.

Die sich selbst erfüllende Prophezeiung definiert das Ursache-Wirkungs-Prinzip genau andersherum: Die Erwartung ist nicht das Resultat von beobachteten Ereignissen, sondern Ursache für das Ereignis. Das heißt: Wenn Sie erwarten, dass es ein furchtbarer Tag wird, dann wird es auch ein furchtbarer Tag – so wie bei Timo.

Timo arbeitet in der Automatenbranche. Und da der Jahreswechsel mit der Einführung des Euro begann, graute es ihm vor dem 2. Januar 2002. Er rechnete mit vielen Problemen, die sich durch die neue Währung ergeben würden. Entsprechend schlecht gelaunt erschien er am ersten Arbeitstag des neuen Jahres. Er sagte sich: »Heute kommen nur Kunden, die Stress und Ärger machen, weil sie Probleme mit der neuen Währung haben. Münzprüfer, die nicht funktionieren, die nicht pünktlich umgesprungen sind, die fehlerhaft oder erst gar nicht geliefert wurden. Dazu all jene, die sich nicht rechtzeitig eingedeckt haben und jetzt auf die Schnelle noch beliefert werden wollen.«

Tatsächlich hatte schon der erste Kunde eine Beschwerde und traf bei Timo genau auf den Richtigen. In Sekunden artete das Gespräch in eine hitzige Debatte aus – die Timo dann unterbrechen musste, weil das zweite Telefon klingelte. Es folgten Beschwerden und eilige Bestellungen am laufenden Band. Dazu gaben sich die Lieferanten die Klinke in die Hand, doch Timo konnte die dringend benötigte Ware nicht auspacken, weil die Kunden Schlange standen.

Um 10 Uhr vormittags war er mit den Nerven am Ende, denn seine schlimmsten Befürchtungen hatten sich bewahrheitet und waren sogar noch übertroffen worden. Doch so richtig zur Weißglut brachte ihn schließlich sein Kollege Giovanni, der irgendwann zu ihm sagte: »Junge, du machst was falsch: Lächeln ist das Gebot der Stunde, und immer schön eins nach dem anderen.« – »Du spinnst, wer soll da noch lächeln«, fauchte der Genervte zurück. »Ich wusste von Anfang an, dass das ein ganz furchtbarer Tag wird.« – »Tja, dann muss es wohl so sein. Und wenn du so weitermachst, bekommst du spätestens mit 40 einen Herzinfarkt.«

Grummelnd zog sich Timo in seinen Arbeitsbereich zurück, und nur einen Moment lang blitzte es in seinen Gedanken auf: Was machte Giovanni anders? Wie konnte der an einem solchen Tag die Kunden auch noch anlächeln und ruhig bleiben? Dann aber schlugen die Wogen des Ärgers wieder über ihm zusammen.

Timos negative Erwartung hat das negative Erleben des Tages verursacht. Nur macht er sich nicht bewusst, dass er durch sein Verhalten selbst dafür sorgt, dass sich seine Erwartung erfüllt und der Arbeitstag bitter für ihn wird. Hätte er sich morgens eine andere, freundlichere »Selbstbotschaft« gegeben, hätte er denselben Tag mit denselben schwierigen Kunden freundlicher erlebt.

»Wer nichts erwartet, wird positiv überrascht«

Kehren wir nochmals zur sich selbst erfüllenden Prophezeiung zurück. Gleich ob Psychologen oder Wirtschaftswissenschaftler – alle, die sich je mit dem Phänomen beschäftigt haben, weisen darauf hin, dass unsere Erwartungen Auswirkungen auf unser gesamtes Erleben haben.

Es gibt kaum einen Lebensbereich, in dem wir nicht von bestimmten Erwartungen ausgehen, ob im Beruf, in der Partnerschaft oder beim Sport. Selbst ein Spaziergang wird von uns mit einer Erwartung versehen, und sei es nur der, dass wir uns entspannen wollen.

Werden unsere Erwartungen erfüllt, sind wir zufrieden. Tritt das Erwartete nicht ein, macht sich Enttäuschung breit. »Aus diesem Grund«, mag mancher sagen, »bin ich dazu übergegangen, in bestimmten Angelegenheiten meine Erwartungen herunterzuschrauben.« Denn ob wir uns im Urlaub für das billigere Hotel entschieden haben oder einen Gebrauchtwagen kaufen – rechnet man von Anfang an mit dem Schlimmsten, ist man nachher hocherfreut, wenn das Hotel eigentlich doch ganz nett ist und das Auto länger ohne Reparatur auskam als erwartet. Man könnte daraus schließen: Wenn wir in punkto Erwartung ein bisschen tricksen und sie niedrig ansetzen, wird uns am Ende eher eine Freude bereitet, als wenn wir vorher denken: »Alles wird wunderbar.« Davon erzählt schon der Dichterfürst Johann Wolfgang von Goethe. Wie heißt es so schön in der bekannten Zeile aus seinem Gedicht »Gefunden«? »Ich ging im Walde so für mich hin und nichts zu suchen, das war mein Sinn.« »Nichts zu suchen« steht hier für »nichts erwarten«, sich treiben lassen, nach nichts Bestimmtem Ausschau halten. Etwas, was den meisten von uns trotz alledem schwerfällt. Das ist nur natürlich. Denn, wie gesagt: Wir wenden den beschriebenen Trick zwar gelegentlich an, um uns seelisch auf etwas vorzubereiten, Grundmuster des Menschen aber ist es, mit etwas Angenehmem zu rechnen. Also geben wir manchmal nur vor, nichts zu erwarten – insgeheim wünschen wir uns aber nach wie vor, dass uns etwas Begrüßenswertes begegnet.

Ob negative oder positive, niedrige oder hohe Erwartungen – entscheidend ist, dass wir nur ohne sie sein können, wenn wir uns selbst austricksen. Wem dies gelingt, der beherrscht eine hohe Kunst, ähnlich wie die buddhistischen Mönche, denen es ein erklärtes Ziel ist, keine Erwartungen zu hegen – nur im Hier und Jetzt zu sein. Wir sind im Alltag daher besser beraten, wenn wir uns eine positive Grundeinstellung zu Eigen machen. Sagen wir uns: »Was immer mich auch erwartet, ich will etwas Gutes daran entdecken«, dann gehen wir auch großzügiger damit um, was kommt.

So wie etwa die Karnevalisten in meiner Heimatstadt Köln. Jahr für Jahr hegen sie die heimliche Erwartung, dass an den jecken Tagen schönes Wetter herrscht und das Treiben rund um den Kölner Rosenmontagszug von Regengüssen verschont bleibt. Wird diese Erwartung vom Himmel erhört, schreiben tags darauf die Zeitungen: »Petrus ist ein Kölner«. Wird sie nicht erfüllt, haben die Jecken trotzdem Spaß. Doch muss ich hinzufügen: Die positive Grundeinstellung erleidet ab Aschermittwoch wieder Schaden. Denn den Rest des Jahres ist auch der Kölner nicht davor gefeit, sie sich, wie jeder andere in unserer Republik, in täglicher Kleinstarbeit wieder erarbeiten zu müssen.

Ausschlaggebend ist also das Wörtchen »infolge«. »Infolge« einer positiven Grunderwartung (»Was auch kommt, ich lasse mir davon die gute Laune nicht verderben«) reagieren wir auf jedes Ergebnis mit Bejahung. »Infolge« der Erwartungshaltung, mit der wir alles (fast alles!) in einem positiven Licht sehen können, erleben wir auch Erwünschtes. »Infolge« der persönlichen Vorhersage, dass ich nur Gutes erleben werde, wird sicherlich viel mehr Erfreuliches zu vermelden sein als ohne meine Vorhersage. Die sich selbst erfüllende Prophezeiung tritt ein, weil ich mein Verhalten darauf abgestellt habe, immer ein positives Ergebnis zu erhalten – komme, was da wolle.

Gibt uns allerdings ein anderer Mensch eine Erwartung vor, so ist es vonnöten, dass wir diese fremde Botschaft auf unsere eigene Grunderwartung hin überprüfen. Denn ungeprüft übernommen kann die Voraussage eines anderen zum eigenen Fehlverhalten führen.

Sagt zum Beispiel der Chef: »Ich traue Ihnen zwar einiges zu, aber den neuen Auftrag können Sie allein nicht stemmen – dazu fehlt Ihnen noch die Erfahrung«, so laufen wir Gefahr, das Projekt mit zu großem Respekt anzugehen.

Vielleicht vermuten wir Probleme, wo eigentlich gar keine sind, und richten bei jeder Schwierigkeit sogleich die Botschaft an uns selbst: »Mein Chef hat wohl doch recht: Es ist eben eine Nummer zu groß für mich. Und ich bin für die Sache zu klein.«

Wie stark solche Prophezeiungen auf uns einwirken können und wie sehr sie von der gedachten Autorität unseres Gegenübers abhängig sind, zeigt uns auch der bekannte Placebo-Effekt in der Medizin.

Sie wissen schon: Glauben wir daran, dass die Pille uns gesund macht, die uns ein Arzt verschreibt (weil wir der Autorität des Arztes vertrauen), kann es passieren, dass es sofort zu einer Besserung kommt – obwohl wir in Wahrheit nur Tabletten ohne jeden Wirkstoff geschluckt haben.

Von Selbstbotschaften und Fremdbotschaften

Fassen wir zusammen: Botschaften, die sich als Prophezeiung selbst erfüllen, unterteilen wir in Fremd- und Selbstbotschaften. Fremdbotschaften werden uns von anderen eingeredet: Solche »Fremdbotschafter« sind etwa die Eltern, aber auch Lehrer, Ärzte, Vorgesetzte und andere Respektspersonen, nicht zuletzt auch Lebenspartner und Freunde. Selbstbotschaften hingegen reden wir uns selbst ein, wie wir am Beispiel von Timo sahen.

Wichtig ist zu erkennen: Die meisten Selbstbotschaften waren früher Fremdbotschaften. Sätze wie: »Das klappt bestimmt nicht«, »Das ist mindestens zwei Nummern zu groß für mich«, »Sei nicht größenwahnsinnig, bescheide dich mit dem, was du hast« etc. kennen wir alle. Das sind übliche Selbstbotschaften, die uns von »Fremden« eingeredet wurden. Dazu gehören auch Äußerungen wie: »Ein Bauer braucht nicht aufs Gymnasium zu gehen«, »Eine aus dem Hochadel wird nur mit ihresgleichen glücklich«, »Aus dem Ghetto kommt keiner raus«. Nur weil wir den Gehalt dessen, was wir gehört haben, nicht hinterfragen, können solche Fremdbotschaften unser Verhalten noch heute beeinflussen – sie sind zur Selbstbotschaft geworden.

Doch ziehen Sie keine voreiligen Schlüsse: Sagt Ihr Partner bei jedem kleinen Missgeschick zu Ihnen: »Du bist aber ungeschickt«, hat das kaum Chancen, Selbstbotschaft zu werden. Es kann sein, dass Sie beim Spaghettiessen vorsichtiger werden und die Tischdecke seltener mit Tomatensauce bekleckern (übrigens eine weitverbreitete sich selbst erfüllende Prophezeiung: Flecke passieren immer auf frischen Tischdecken und immer dann, wenn

Gäste da sind). Tief ins Bewusstsein eingraben wird sich diese Fremdbotschaft jedoch nicht. Als Erwachsene haben wir die Möglichkeit, Fremdbotschaften zu hinterfragen; sie werden von uns relativiert und somit meist abgeschwächt.

Fremdbotschaften können auch einen kulturellen Hintergrund haben. Dazu gehören Rollenerwartungen an Mädchen und Jungen, Weissagungen, Sterndeutungen oder andere Zeichen, die Religion oder auch standes- beziehungsweise schichtspezifische Erwartungen.

Für Kinder ist dieses Hinterfragen einer Fremdbotschaft kaum möglich. Wer von Kindesbeinen an hört: »Du bist wie der Opa, ein richtiger Grobmotoriker«, wird sich als Junge nicht an die Drähte der Eisenbahn wagen und später eher Zimmermann als Goldschmied werden. Nicht anders verhält es sich mit Äußerungen wie »genauso lesefaul wie der Vater«, »genauso unkreativ wie die Mutter«, »genauso schwach in Mathe wie der große Bruder«. Denn Kinder, denen von Anfang an bestimmte Fähigkeiten abgesprochen werden, entwickeln nur selten Mut, diese Begabungen überhaupt auszuprobieren. Die »Fremdbotschafter« schaffen Demotivation.

Es sei denn, Gegengewichte sind vorhanden. Bekommt ein Kind zum Beispiel auf der einen Seite von einem unsensiblen Lehrer mitgeteilt, dass es »für dieses elitäre Gymnasium zu dumm ist«, bestärken die Eltern aber das Kind auf der anderen Seite und geben ihm zu verstehen: »Da, wo du bist, ist oben« oder: »Lass dich nicht ausgrenzen«, läuft die Fremdbotschaft des Lehrers meistens ins Leere. Das Kind wird es zwar trotzdem schwer haben in der Schule und Selbstbewusstsein brauchen, um sich zu behaupten, doch wird es zum Ausgleich immer wieder vom Elternhaus gestärkt.

Hingegen fällt die Saat der herabwürdigenden Botschaft des Lehrers sogleich auf fruchtbaren Boden, wenn ein Kind zu Hause ebenfalls zu verstehen bekommt: »Wir sind nun mal nur einfache Leute und nicht so gescheit wie andere.« Ein gutes Beispiel dafür ist Lotti, die Sie als Leser meiner Bücher womöglich schon in »Lass dich nicht verbiegen« kennengelernt haben:

Lotti sollte zu Weihnachten vor der Klasse ein langes Gedicht aufsagen. Sie hatte wochenlang geübt, und als der große Tag kam, war sie ziemlich aufgeregt. Lottis Mutter, eine einfache, wenig belesene Frau, drückte ihre mitleidig-ängstlichen Zweifel aus mit Sätzen wie: »Das kann die Kleine doch gar nicht.« Und so kam es dann auch. Obwohl Lotti intelligent und aufgeweckt war, fühlte sie sich vor der eigenen Klasse plötzlich ganz klein. Zögernd begann sie mit ihrem Gedicht, stockte und hatte schließlich einen totalen Blackout. Sie konnte das Gedicht nicht vollständig aufsagen, die Klasse lachte und der Lehrer, der große Stücke auf Lotti hielt, war enttäuscht.

Die Botschaft der Mutter: »Das kann die Kleine doch gar nicht«, wirkte noch weiter. Immer wieder, in der Schule, im Studium, kam es zu ähnlichen Blackouts, obwohl Lotti eigentlich gut vorbereitet war. Die Botschaft von der »kleinen Lotti«, die für so große Aufgaben und Auftritte doch gar nicht geeignet sei, hatte sich festgesetzt. Sie behinderte auch die erwachsene Charlotte in ihrem beruflichen Fortkommen und ließ sie immer wie-

der an entscheidenden Punkten versagen. Bis sie eines Tages den Ursprung ihres Negativprogramms erkannte und begann, es sich mit mir als Coach an ihrer Seite wieder abzutrainieren.

Verwandeln Sie den Nachteil in einen Vorteil

Eine Fremdbotschaft muss also immer zuerst akzeptiert werden, bevor sie als Selbstbotschaft ihre Wirkung entfalten kann – sprich: zur eigenen Lebensbotschaft wird. Und diese Lebensbotschaft kann sowohl negativ als auch positiv sein. Positive Botschaften können uns beflügeln, wie wir am Beispiel von Bastian, dem kleinen Cellisten, sahen. Negative wirken dämpfend und lassen jedes leichte Hindernis wie einen unüberwindbaren Berg erscheinen, wie beim langen Gedicht der kleinen Lotti.

Das Schicksalhafte daran ist: Entweder haben wir den Vorteil, von Eltern und Respektspersonen erzogen worden zu sein, die uns mit positiven Botschaften stark gemacht haben. Oder wir haben den Nachteil, dass wir von Menschen umgeben waren, die hier gedankenlos vorgingen und uns mit negativen Botschaften bepackt haben. Doch haben wir in diesem Fall die Chance, den Nachteil selbst wieder in einen Vorteil zu verwandeln. Wir können die negative Lebensbotschaft zu einer positiven machen. Wir können das mentale Programm ändern.

Dass das Arbeit an sich selbst bedeutet, versteht sich von allein – und zwar harte Arbeit. In diesem Punkt will ich Sie also gar nicht mit falschen Versprechungen locken. Hat sich nämlich eine negative Lebensbotschaft erst einmal in unserem Gehirn eingenistet, so denken wir sie immer wieder. Und je öfter wir sie gedacht haben, desto tiefer hat sie sich bereits eingeprägt. Wir haben Spuren in unserem Gehirn angelegt, Spuren, die von der Hirnforschung mittlerweile als chemische Verbindungen und Verknüpfungen nachgewiesen werden können. Wenn diese Spuren aber nicht mehr begangen werden, weil wir uns neue Lebensbotschaften antrainieren, verflüchtigen sie sich. Denn so, wie wir diese Botschaften einmal erlernt haben, können wir sie auch wieder vergessen. Das kann zwar eine Weile dauern, manchmal dauert es sogar Jahre. Doch sollten Sie nicht davor zurückschrecken, Ihrem Denken neue Wege aufzuzeigen – und in Ihrer geistig-seelischen Innenwelt positive Spuren anzulegen.

Selbst wenn es etwas länger dauern sollte, als Ihnen lieb ist – lassen Sie nicht zu, dass Ihre Biografie »einfriert«.

Wie auch immer der Spruch lautet, mit dem wir vielleicht schon als Kinder konfrontiert worden sind – er kann uns ein Leben lang im Weg sein. Er kann unsere Leistungsfähigkeit mindern und verhindern, dass wir unsere Wunschziele erreichen. Denn werden wir nicht aufmerksam dafür und probieren wir nicht aus, ob man ihn ablegen kann, kann es wahrhaftig zum »Einfrieren der eigenen Biografie« führen. Das heißt, dass uns unsere eigene Geschichte versagt wird. Anders ausgedrückt: Wir gestalten unsere Lebensgeschichte nicht selbst weiter, sondern begnügen uns damit, was andere – zum Beispiel unsere Eltern und Lehrer – uns vorgaben.

Lassen Sie das nicht zu. Geben Sie sich nicht damit zufrieden, egal wie alt Sie sind. Suchen Sie aber auch nicht nur bei anderen die Schuld dafür, dass Sie möglicherweise nicht so unbeschwert leben können, wie Sie es gern möchten. Denken Sie immer daran: Ihre Eltern zum Beispiel haben Ihnen, wenn überhaupt, nicht absichtlich negative Lebensbotschaften mitgegeben. Meistens sind unsere Eltern nur deshalb so unbedarft damit umgegangen, weil sie es in ihrer eigenen Erziehung nicht besser kennengelernt haben. Wenn Sie Schuldige suchen, müssen Sie auch unter Ihren Lehrern suchen, obwohl diese es als Pädagogen eigentlich besser hätten wissen müssen. Wir werden in diesem Buch noch näher darauf eingehen, was all jene unter Ihnen bedenken sollten, die selbst Umgang mit Kindern haben.

Am besten jedoch verschwenden Sie gar keine Zeit damit, bei anderen Menschen die Schuld dafür zu suchen, dass sich bei Ihnen vielleicht schon früh negative Furchen ins Bewusstsein gegraben haben. Sparen Sie sich das und programmieren Sie sich lieber gleich darauf, sich ohne Schuldzuweisungen davon zu befreien. Das ist die beste Basis für jede Art von Neuanfang.

Sie schaffen es nur aus eigener Kraft

An dieser Stelle möchte ich Sie aber auch vor etwas warnen: Achten Sie auf Ihrem Weg zu einer neuen, positiven Lebensbotschaft auch darauf, dass Ihnen nicht wieder andere vorschreiben, wie diese zu lauten hat und was Sie zu denken und zu fühlen haben. Einfach einzusteigen in die Denkprogramme anderer – das mag zwar bequemer erscheinen, als sich selbst welche zu schaffen. Doch besteht die Gefahr, eine negative Botschaft von früher gegen eine neue negative von heute einzutauschen. Damit machen Sie sich eher abhängig, als dass Sie sich in die Lage versetzen, selbst handeln zu können. Menschen, die auf der Suche nach einem Neuanfang sind, sind da besonders gefährdet. Angesichts der New-Age-Strömungen, die derzeit in Mode sind, geraten viele in die Gefahr, sich einer dogmatischen Lehre, einem Guru oder einer Sekte zu verschreiben. Oft werden Menschen dadurch aus ihrem Lebensumfeld gerissen oder zu riskanten Unternehmungen verleitet. Haben Sie also immer ein Auge darauf, dass Sie sich vor undurchsichtigen Methoden bewahren. Als Faustregel gilt: Wer Ihnen verspricht, dass Ihre Wünsche im Handumdrehen erfüllt werden, ist mit großer Vorsicht zu betrachten.

Natürlich will ich Ihnen keinesfalls davon abraten, sich helfen zu lassen. Gegen die seriöse Unterstützung eines geschulten Psychologen oder eines erfahrenen Coachs ist gar nichts einzuwenden. Im Gegenteil, oft macht es Sinn, sich von einem objektiven Berater den Spiegel vorhalten zu lassen. Wir erkennen rascher, welche Negativprogramme wir täglich leben und was man tun muss, um sie sich wieder abzutrainieren. Ein solches Vorgehen kann ich Ihnen nur empfehlen. Doch die Arbeit an sich selbst können Sie am Ende nur selber leisten. Dieses Buch wird Ihnen gewiss Anregungen und hoffentlich auch den Mut dazu geben, aus vertrauten, aber negativen Sackgassen herauszufinden und neue positive Wege für sich zu entdecken. Aber es bleibt dabei: Im Alltag trainieren – das müssen Sie. Denn nur Sie können bestimmen, welche negativen Programme Sie löschen müssen und welche positiven in Ihrem Leben Einzug halten sollen. Niemand anders als Sie und Ihr Glaube daran, dass Sie es schaffen werden, bringen Sie dazu, es tatsächlich auch zu schaffen.

Nur wenn Sie fest an das Gute glauben, kommt auch das Gute.

Gehen Sie im Neuschnee Skilaufen

Die Voraussetzungen dazu sind: Lernen Sie, sich die eigenen ungünstigen Programmierungen bewusst zu machen. Lernen Sie, selbstkritisch zu sein und hinter Ihre eigene Denkfassade zu schauen. Und finden Sie heraus, wie die Programme entstanden sind, die Ihnen in tragischen Situationen vielleicht manchmal vorkommen mögen wie ein Teufelskreis, der sich einfach nicht durchbrechen lässt – wie eine Spur, von der man glaubt, nicht abweichen zu können, weil es keine Alternative gibt. Denn an ebendieser empfindlichen Stelle ist ein Ausbrechen möglich und damit ein Abschwenken in eine neue Richtung.

Stellen Sie sich nur einmal vor, die gedanklichen Spuren seien wie Spuren im Schnee. Verbildlichen Sie sich, dass das Weiß außerhalb dieser Abdrücke noch unberührt ist. Sie haben nun wie ein Skiläufer die Möglichkeit, neue Bahnen zu ziehen und da hindurchzugleiten, wo sich noch keine Fährte eingegraben hat. Die weite Winterlandschaft steht Ihnen offen.

Mit den Programmen im Kopf verhält es sich nicht viel anders. Sind wir noch ein kleines Kind, so befindet sich da nur Neuschnee. Dann folgen die ersten Eindrücke, Erfahrungen, Botschaften und schon wird aus unserem Neuschnee eine Langlaufloipe. Der erste Langläufer (oder die Loipenspurmaschine) gibt die Spur vor. Der zweite Läufer folgt und macht sie tiefer. Der dritte, vierte, fünfte glättet die Spur zu einer breiten Furche. Mit jedem weiteren Läufer wird aus der Furche eine tiefe Straße, die den Anschein erweckt, dass man außerhalb von ihr nicht fahren kann.

Doch man kann. Was auch immer sich im eigenen Denken tief eingegraben hat – beginnen Sie noch heute, es zu hinterfragen. Machen Sie sich auf die Suche nach den Geistern, die Sie in den Kreislauf unguter Gedankenprogramme hineingelockt haben, und verscheuchen Sie sie. Denn Sie werden sehen: Sobald Sie erkennen, welche negativen Lebensbotschaften Ihnen von anderen mitgegeben wurden und welche Sie sich selbst geschaffen haben, wächst auch das Selbstvertrauen, dass sie durch neue, positive Botschaften ersetzt werden können. Alles, was wir festhalten, können wir auch wieder loslassen. Alles, was wir geschaffen haben, können wir auch verändern. Spuren, auf denen wir Jahrzehnte gewandelt sind, können wir auch wieder verlassen. Indem wir uns selbst erkennen, geben wir den Startschuss dafür, unser Leben zu befreien.

2. Der kleine Mann im Ohr

Ein jeder hat so seinen Spuk im Kopf

Blinzelnd wacht Sandra auf. Durch die Spalten des Rollladens scheint ihr die Sonne ins Gesicht. Einen Augenblick lang meint sie, sofort aus dem Bett springen zu müssen, weil sie verschlafen hat. Dann fällt es ihr wieder ein: Sie hat heute frei. Weil in der Firma gerade wenig los ist, muss sie heute nicht ins Büro. »Wie wunderbar«, denkt sie und dreht sich noch einmal genüsslich um. »Endlich einmal nicht durch den Tag hetzen, von einem Termin zum nächsten. Endlich einmal niemand da, der etwas von mir will. Endlich einmal Zeit, mich nur um mich selbst zu kümmern.«

Sandra kuschelt sich in die wohlig warmen Kissen, um noch ein bisschen zu träumen. Sie liebt dieses Gefühl, aufzuwachen und im nächsten Augenblick zu wissen, dass sie nicht aufstehen muss. Leider sind solche Tage viel zu selten. Als Redakteurin bei einem privaten Fernsehsender ist sie ständig unterwegs und unter Menschen. Überstunden sind normal, Wochenendarbeit auch. Umso mehr hat sie schon lange davon geträumt, einen ganzen Tag im Bett zu verbringen mit Lesen, Telefonieren, Milchkaffee, Schokokeksen und dem guten Gefühl, sich heute einmal fallen lassen zu können.

Doch so richtig will sich die Bettgemütlichkeit nicht einstellen. »Irgendwie«, denkt Sandra, »ist der Tag zum Faulenzen zu schade.« Neun Uhr ist es schon, und wenn sie noch lange hier herumliegt, ist der ganze schöne Tag vorbei. »Nein«, entscheidet sie, schlägt die Bettdecke zurück und steht auf.

Rasch wie immer absolviert sie ihr allmorgendliches Programm: zehn Minuten Stretching, danach Duschen und dann Müsli vor dem Computer, während sie ihre E-Mails abfragt. Und ehe es ihr recht bewusst wird, hat sie auch schon eine Liste der Dinge geschrieben, die sie heute erledigen könnte: Susanne und Mutter anrufen, Keramiktöpfe neu bepflanzen, neue Brille aussuchen, Auto in die Waschanlage, Gudrun die Unterlagen für die nächste Sendung am Sonntag vorbeibringen, Großeinkauf machen, Vorhänge in die Reinigung, die Wohnung putzen, zur Post, zum Frisör und abends mit Andreas zum Test-Essen beim neuen Japaner an der Ecke, weil man nächste Woche einen Kunden zum Dinner einladen muss.

Und schon macht sich Sandra auf den Weg, den Tag zu füllen. Kein ausgiebiges Frühstück mit allem Drum und Dran, kein Herumliegen im Bett, keine Trödeleien, kein Sich-fallen-Lassen, kein am Fluss entlangradeln und einfach nur den traumhaften Frühlingstag genießen. Wie ferngesteuert zieht sie los, um ihre Liste abzuarbeiten. Sie beeilt sich, um alles zu schaffen, kämpft sich durchs Stadtgewühl, weil sie den Tag optimal nutzen und das Gefühl bekommen will, etwas erledigt zu haben.

Abends ist Sandra todmüde, wie immer. Und mit einer Mischung aus Befriedigung darüber, vieles abgehakt zu haben, und Bedauern, dass sie sich an ihrem freien Tag wieder kein Faulenzen gegönnt hat, geht sie ins Bett. Sie denkt an ihren nächsten freien Tag in zwei

Wochen und nimmt sich vor: »Dann mache ich es anders. Dann lasse ich alles stehen und liegen« – und weiß doch im Grunde genau, dass ihr das nicht gelingen wird.

Können Sie es Sandra nachfühlen? Irgendwie läuft die Sache immer anders, als Sie es vorhatten. Eigentlich haben Sie das Bedürfnis, sich Zeit für Ihre Interessen zu nehmen oder dem Wunsch des Partners oder der Kinder nachzugehen und an Ihrem freien Tag zu Hause zu bleiben, nichts Besonderes zu machen, einfach nur ein wenig zu »relaxen«, »abzuhängen«, faul zu sein.

Das wäre auch möglich und dringend nötig, denn Sie haben einen stressigen Alltag und könnten eine kleine Pause und eine Handvoll Erholung gut gebrauchen. Doch dann meldet sich wie automatisch diese innere Stimme, die Ihnen aufzählt, was noch alles zu erledigen ist und warum es »nicht erlaubt« ist, seine Zeit mit Nichtstun zu füllen. Und Sie folgen ihr artig, erledigen tausend Dinge, die plötzlich dringend erscheinen, versuchen den Tag mit Programm vollzupacken. Möglicherweise ruft noch ein Bekannter an, der Beistand braucht, und Sie können wieder einmal nicht Nein sagen. Stattdessen fahren Sie sofort hin, obwohl sein Anliegen auch bis nächste Woche Zeit hätte – einfach, weil so eine Verhaltensweise bei Ihnen programmiert ist. Derweil ist Ihr Partner verärgert, weil Sie an Ihrem freien Tag keine Zeit hatten. Oder Sie selbst sind unzufrieden, wie Sie irgendetwas daran gehindert hat, die Dinge zu tun, die Sie eigentlich tun möchten.

Im Prinzip kennen wir das alle. Denn jeder von uns, ob Single oder mit Partner oder Familie lebend, hat die tägliche Gratwanderung zwischen Arbeit und Leben, Aufgaben im Beruf und im Privaten zu leisten. Es ist immer etwas zu tun.

Die Dinge liegen zu lassen und sich »einfach so« eine Auszeit zu nehmen, fällt vielen schwer. Meist wird dann das Erholungsprogramm gestrichen – etwa wenn wir das Rollerskaten mit den Freunden ausfallen lassen, weil der Schreibtisch vollgepackt ist und abgearbeitet werden muss.

Über diese Gratwanderung brauchen wir nicht nachzudenken. Das ist zwar nicht angenehm, aber das ganz normale Leben.

Bedenklich wird es erst, wenn wir das, was wir vom Gefühl her gerne machen möchten, vom eigenen Kopf untersagt bekommen, obwohl es durchaus machbar wäre – wenn uns eine innere Stimme mahnt, etwas ganz anderes zu tun, wie hier im Beispiel etwas zu erledigen, zu leisten, zu schaffen, was so dringlich gar nicht wäre. Wenn der kleine Mann im Ohr uns, ohne dass wir es merken, dazu bringt, uns von unseren eigentlichen Wünschen fernzuhalten, ist das fast wie Magie.

Er flüstert uns eine Formel ins Ohr, und schon gehen wir los wie gut funktionierende Roboter und machen, was er will.

Sie meinen, keinen solchen Mann im Ohr zu haben? Ohne Ihnen zu nahe treten zu wollen, ich glaube doch! Es ist Ihnen nur nicht bewusst. Denn jeder von uns hat einen solchen kleinen Mann im Ohr. Er redet auf uns ein, stellt uns Fragen, gibt uns Antworten. Und die Stimme, die wir da hören, ist natürlich unsere Stimme. Der Störenfried des eigenen Wohlergehens – das sind wir selbst.

Unerkannte Botschaften schlummern in der Tiefe

Auf den ersten Blick sieht es natürlich so aus, als seien es nur die Umstände, andere Leute, das Tagesgeschäft, das uns davon abhält, zu tun, was man eigentlich tun wollte – und nicht wir selbst. Bleiben wir beim Beispiel Sandra: Wo steht geschrieben, dass sie nicht auch einen Tag im Bett verbringen kann, noch dazu, wenn sie vorher so viel gearbeitet hat? Sie hätte im Bett gemütlich Kaffee trinken, zumindest aber noch ein bisschen dösen oder lesen können, bevor sie sich aufmachte.

Aber sie handelt anders. Sie folgt den inneren Ermahnungen, die da lauten: »Du musst rasch aufstehen!«, »So einen Tag vertrödelt man nicht!«, »Lass dich nicht hängen!«. Vielleicht liegt es daran, dass sie schon als Kind solche Appelle vernommen hat wie: »Sei fleißig!«, »Sich regen bringt Segen!«, »Was du heute kannst besorgen, das verschiebe nicht auf morgen!«. Man könnte fast sagen, es sind wohlbekannte Botschaften unseres westlichen Kulturkreises, denen Sandra da folgt. Hinzu kommt, dass sie auch einem Programm gehorcht, das sie von ihren Eltern anerzogen bekam. Und das heißt: Wer es zu etwas bringen will im Leben, muss fleißig und diszipliniert sein. Faulheit dagegen ist gleichbedeutend mit Armut, Schmutz, Hässlichkeit, Unglück, Scham. Nur wer arbeitet und etwas leistet, wird auch mit Wohlstand und Wohlbefinden belohnt. Wer nichts leistet, ist nichts wert.

Derartige Sätze hat Sandra vor allem von ihrer Mutter, einer Geschäftsfrau, früher sehr oft gehört. Besonders eingeprägt hat sich ihr ein Ausspruch, den ihre Mutter wiederum von ihrem Vater übernommen hat, was sie immer wieder gerne kundtat. Der hieß: »Das Essen gönne ich dir, aber die Zeit gönne ich dir nicht.« Mit diesen Worten wurde Sandras Mutter nach eigenen Erzählungen häufig vom Vater aus dem kleinen Hinterzimmerchen des Geschäfts gescheucht, wenn sie mittags kurz Pause machte und ihr Butterbrot aß.

Sätze wie dieser haben die Entwicklung von Sandra begleitet. Sie haben sich eingeprägt und am Ende mit dazu beigetragen, dass sie es in einer hart umkämpften Branche zu etwas gebracht hat. Mit anderen Worten: Sie war hart gegen sich selbst, hat sich nicht geschont, sich so gut wie nie eine Auszeit gegönnt, sondern stets darum bemüht, ihr Bestes zu geben. So wurde sie im Beruf erfolgreich. Und das ist ja im Grunde auch nicht verkehrt. Sandras kleiner Mann im Ohr mit der ständigen Direktive, etwas zu leisten, ist also nicht unbedingt als ihr Feind anzusehen. Nicht prinzipiell ist alles schlecht, was er sagt. Manches davon hilft ihr, durchs Leben zu kommen. Das Problem ist nur, dass der erhobene Zeigefinger in ihr auf der anderen Seite zum Verhinderungsprogramm geworden ist. Es entfaltet immer dann seine negative Magie, wenn Sandra sich einmal entspannen und ein bisschen die Seele baumeln lassen möchte. Dann gönnt der kleine Mann im Ohr ihr die Ruhe nicht. Seine fordernde Stimme macht die verdiente Ruhepause zu einem Quell der Unruhe und das schlechte Gewissen nagt. Aber warum? Das weiß sie nicht.

Viele von uns haben eine innere Stimme, die so mehrdeutig ist wie bei Sandra. Nur selten ist sie uns eindeutig gut oder schlecht gesinnt. Vernehmen wir aber häufiger negative statt positive Appelle, sollten wir hellhörig werden. Denn sonst kann es uns ähnlich ergehen wie Sandra: Die Botschaften des kleinen Mannes im Ohr entfalten eine Art magische Kraft. Wir folgen ihr, ohne etwas dagegensetzen zu können.

Wie magische Worte wirken können

Die Worte des kleinen Männchens im Ohr steuern also unser Denken und Handeln ein Stück mit. Das geschieht natürlich, ohne dass wir es groß bemerken. Denn wäre es uns bewusst, würde sich ihre Macht sofort reduzieren. Dann könnten wir in jeder Situation darüber nachdenken, ob wir dem Mahnruf folgen möchten oder nicht, ob es Unsinn ist, was der Kleine zu melden hat, oder ob er uns in diesem Moment sogar etwas Sinnvolles empfiehlt. Stattdessen reagieren wir meist wie fremdbestimmt und tun, was wir gewohnt sind zu tun, auch wenn es uns nicht gut tut – wie ein magisches Ritual, immer wieder gleich.

Das müsste nicht sein. Daher habe ich es mir zur Aufgabe gemacht, dazu beizutragen, dass wir mehr echte Selbstbestimmung erreichen – im Sinne von »Was möchte *ich* und nicht der kleine Mann im Ohr«. Denn dass uns andere Menschen, unsere Arbeit, Aufgaben und Pflichten ein bestimmtes Verhalten diktieren, müssen wir akzeptieren. Ein jeder weiß um die Notwendigkeiten des Alltags: vom Hund, der morgens um sieben vor der Arbeit schon Gassi geführt werden muss, bis zum Hausputz am Wochenende. Doch wenn wir uns selbst Dienste auferlegen – sprich: uns eine innere Stimme dazu verleitet –, weil eine bestimmte Lebensbotschaft aus uns spricht, die das in Gang hält, machen wir uns selbst zu einem unfreien Menschen.

Nun, es ist nicht leicht, an diese Botschaften heranzukommen, weil sie oft seit Kindertagen in uns stecken, uns schon lange vertraut und mit uns verwoben sind. Hinzu kommt, dass ein Teil der magisch wirksamen Appelle nicht wie bei Sandra aus der nahen Umgebung der Eltern und Verwandten stammen; auch nicht von Lehrern, die uns geformt haben, oder von Mitschülern, dem älteren Bruder oder der ersten großen Liebe.

Wir wurden zu dem, was wir heute sind, weil uns auch der Kulturkreis geprägt hat, in dem wir leben. Denn wir wachsen mit einer Religion auf, mit Mythen und Märchen, mit Fernsehbildern und Filmgeschichten, mit Moden und Trends – all das prägt uns erheblich mit. Anders ausgedrückt: In jedem Kulturkreis kursiert ein Schatz an kulturell bedingten Botschaften, den wir verinnerlicht haben – ein »Schatz«, der sich manchmal auch als ein Erbe entpuppen kann, das es zu hinterfragen gilt.

Fangen wir bei den Märchen an. Von klein auf hören wir Geschichten wie diese:

> *Da ging die Tür auf, und der König trat herein, und da stand ein Mädchen, das war so schön, wie er noch keins gesehen hatte. Das Mädchen erschrak, als es sah, dass nicht sein Rehlein, sondern ein Mann hereinkam, der eine goldene Krone auf dem Haupt hatte. Aber der König sah es freundlich an, reichte ihm die Hand und sprach: »Willst du mit mir gehen auf mein Schloss und meine liebe Frau sein?«*

Diese Passage stammt aus dem Märchen »Brüderchen und Schwesterchen« von den Gebrüdern Grimm. Das

Mädchen ist schön, der König freundlich und – schwupp – wird sie zur Königin, so einfach ist das Leben.

Lächeln Sie ruhig über diese kleine Märchenstunde! Mag sogar sein, dass Sie jetzt denken: »Was soll das? Märchen sind doch was für Kinder und längst vergessen!« Damit haben Sie nicht unrecht. Denn Handlungsdetails und Zusammenhänge haben wir Erwachsenen meist tatsächlich vergessen – und genau hier steckt schon die erste Gefahr: Vieles ist uns längst entfallen, und wir wiegeln die Botschaften ab mit einem: »Das sind doch nur Märchen. Märchen haben doch keinen Bezug zur Wirklichkeit.« Haben sie auch nicht – rein rational betrachtet. Doch emotional gesehen, also in unserer Gefühlswelt, sind sie außerordentlich wirkungsaktiv. Viele scheinbar harmlose Geschichten prägen unser Denken und unsere Wertmaßstäbe nachhaltiger, als wir uns bewusst sind. Deshalb möchte ich ihnen hier etwas ausführlicher Beachtung schenken.

Bleiben wir zunächst bei unserem kleinen Ausflug in die Welt der Märchen. Denn diese beschäftigen sich mit den Wertmaßstäben einer Gesellschaft, mit Tabus und dem, was zählt und was nicht. Außerdem sind sie nicht selten die ersten Entwürfe, die wir uns als Kind von der Welt machen. Daher ist so manche Erzählung auch in unserer Seele fest verankert und führt dort ein Eigenleben. Lassen Sie sich also ruhig auch dann darauf ein, wenn Sie eher ein nüchterner Mensch sind oder ein Leben führen, das Sie an alles andere erinnert, bloß nicht an ein Märchen. Schauen wir uns einige Gedankensplitter aus längst vergessenen Tagen genauer an, bevor wir im Buch weiter fortschreiten und uns dem praktischen Teil widmen, wie wir negative Botschaften wieder loswerden.

Kramen Sie also ohne Vorbehalte ein wenig in Ihrer Erinnerung. Vielleicht haben Sie ja sogar Lust, sich das eine oder andere Buch mit den Lieblingsgeschichten von früher hervorzuholen, das vielleicht eingestaubt im Keller liegt. Schmökern Sie parallel zu diesem Buch in alten Kinderbüchern und fragen sich dabei: Was lösen lebhafte Erinnerungen in Ihnen aus? Bei welchen Geschichten fühlen Sie sich aufgehoben? Welche lösen ein Gefühl von Sehnsucht, Traurigkeit oder Angst aus? Werden Sie hellhörig? Prüfen Sie, welche Zeilen für Sie magische Worte enthalten – Botschaften, die möglicherweise seit Kindertagen in Ihnen nachwirken. Wenn Sie selbst Kinder haben, so werden Sie wahrscheinlich schon längst viele neue Geschichten dazugelernt haben, zeitgemäßer als früher, vom Dschungelbuch bis zu Harry Potter. Doch prüfen Sie weiter, was da doch noch in den Tiefen Ihrer Erinnerung schlummert. Wecken Sie es auf.

Pretty Woman und der Märchenprinz

Für Mädchen scheint der Fall am klarsten zu liegen. Wenn sie wunderschön und zudem auch noch Königstöchter sind, ist alles in Butter. Allerdings ist Schönheit auch für Knaben ein erstrebenswertes Gut. Doch reden wir über schöne Prinzen einige Seiten später – ladies first. Am besten scheint es immer den einzigen oder jüngsten Töchtern zu ergehen. Wie zum Beispiel im Märchen vom Froschkönig.

> *... lebte ein König, dessen Töchter waren alle schön; aber die jüngste war so schön, dass die Sonne selber, die doch so vieles gesehen hat, sich verwunderte, sooft sie ihr ins Gesicht schien.*

Hören Sie einmal in sich hinein: Wären Sie nicht auch gern eine wunderschöne Märchenprinzessin? Am liebsten die einzige, jüngste, schönste unterm Himmel? Schönheit wird uns von klein auf als erstrebenswerte Eigenschaft vermittelt, eine Eigenschaft, die alles im Leben zum Wunderbaren wendet und Liebesglück und Reichtum vermittelt. »Ich will schön sein« ist ein Satz von magischer Kraft, der für die Entwicklung des eigenen Persönlichkeitspotenzials sehr blockierend sein kann. Denn nicht wenige Frauen verwenden einen Großteil ihrer Energie auf das Erreichen irgendwelcher Schönheitsideale und verlieren dabei oft an Natürlichkeit und Ausstrahlung. Doch leider gilt Schönheit in unserer Gesellschaft nach wie vor als die maßgebliche Maxime für viele. Werfen Sie einen Blick auf die Titelblätter der Magazine. Täglich wird Frauen die Botschaft vermittelt: »Du musst schlank sein – schlank sein ist schön.« Immer neue Diäten und Schönheitsbehandlungen möchten sie auf dem Weg dorthin »unterstützen«.

Aber obwohl Schönheit in den Märchen die herausragende Rolle spielt, genügt sie allein oft nicht. Andere Werte sind auch ganz wichtig, um ans Ziel zu gelangen. Zum Beispiel in »Schneeweißchen und Rosenrot«:

> *... sie waren aber so fromm und gut, so arbeitsam und unverdrossen, als je zwei Kinder auf der Welt gewesen sind: Schneeweißchen war nur stiller und sanfter als Rosenrot. Rosenrot sprang lieber in den Wiesen und Feldern umher, suchte Blumen und fing Sommervögel: Schneeweißchen aber saß daheim bei der Mutter, half ihr im Hauswesen oder las ihr vor, wenn nichts zu tun war.*

Erinnern Sie sich? Schneeweißchen bekommt den Prinzen, das lebhaftere Rosenrot »nur« den Bruder. Sehr früh hören Mädchen, dass sie nicht nur schön sein müssen, sondern auch tugendhaft, brav, still und sanft. Sollte eine Bürgerstochter faul sein oder es nur auf die Schätze abgesehen haben, wird es nichts mit dem süßen Leben. Pechmarie und Aschenputtels Stiefschwestern können ein Lied davon singen.

Viele traditionell erzogene Frauen haben diese Botschaften verinnerlicht und passen sich den daraus resultierenden Erwartungen nicht selten unbewusst an. Sie verwenden Mühe auf ihr Aussehen und benehmen sich »still und sanft«, weil sie diesem Urbild, das natürlich auch durch die Erziehung geprägt wird, entsprechen möchten. Denn von einer Sache erzählen viele Geschichten und Märchen eben auch – sieht man von der beliebten, frechen Pippi Langstrumpf einmal ab: Nur ganz selten wird ein Mädchen auch belohnt, wenn es dem Bild nicht entspricht und etwas Unbotmäßiges tut. Wenn es zum Beispiel wütend wird, wie im Froschkönig:

> *... da ward sie bitterböse, holte ihn herauf und warf ihn aus allen Kräften wider die Wand. »Nun wirst du Ruhe haben, du garstiger Frosch.«*

So recht prinzessinnenhaft ist dieses Benehmen nicht, aber der König hatte ihr ja auch schon vorher beigebracht, wie man sich zu benehmen hat. Nur weil die Prinzessin den ekligen Frosch überhaupt hereinließ, ihm von ihrem Teller zu essen gab und ihn schließlich mit in ihr Zimmer nahm, bekam sie schließlich einen Königssohn. Die Botschaft ist klar: Man muss als Frau schon eine ganze Menge aushalten, wenn man einen Märchenprinzen bekommen will. Und manchmal auch dann, wenn man ihn als »feinen Prinzen« geheiratet hat und er sich mit den Jahren leider als »grober Bauer« entpuppt. Was ja im wahren Leben auch manchmal vorkommen soll.

Damit sind wir in unserer kleinen Märchenanalyse nun bei den Herren der Schöpfung angelangt. Mit welchen verborgenen Botschaften wachsen kleine Jungen und junge Männer heran? Welche magischen Worte haben sich ihnen eingeprägt? Und was davon retten sie nicht selten in ihr Erwachsenendasein hinüber und versuchen es im normalen Leben unbewusst immer wieder zu erfüllen? Um bei den Tugenden zu bleiben: Wie handelt ein Märchenprinz? Was zeichnet die von kleinen Jungen erlernten, unterschwellig mitgeteilten Programme eines solchen Helden aus? Der geistert ja nicht nur in den Träumen junger Mädchen und erwachsener Frauen herum, sondern prägt auch das Selbstbild eines jeden Mannes mit, wenn er sich in seiner Kindheit die bedeutungsschwangeren Sprüche der Filmhelden anhört. Denn Film und Fernsehen haben einen großen Teil der Botschaften aus Sagen und Märchen übernommen, sei es ein guter alter Western mit malträtierten Indianern und dem einsamen Cowboy oder eine Science-Fiction-Saga wie »Star Wars«.

Die vermittelte Botschaft reicht hier vom »geschüttelt und nicht gerührt« des kosmopolitischen Playboys James Bond, der alle schönen Frauen im Sturm erobert und ganz nebenbei die Welt rettet, bis hin zum »Es kann nur einen geben« des zu ewigem Leben verdammten »Highlanders« mit Schwert und viel Gefühl. Ob Stars wie Humphrey Bogart oder James Dean, Marlon Brando, Arnold Schwarzenegger oder Robert de Niro – oft, sehr oft ist das, was Männern da ins Ohr geflüstert wird, mit Tönen vermischt wie »Sei ein Held«, »Zeig deine Gefühle nicht«, »Indianer kennen keinen Schmerz« oder: »Du kannst alles schaffen, wenn du nur eisern deinen Weg gehst und dich von niemandem, auch nicht von einer Frau, an die Kandare nehmen lässt.«

Lebensbotschaften made in Hollywood

Wir wollen nicht zu kritisch mit dem umgehen, was Filme uns mitteilen. Denn schließlich gibt es ja auch noch Woody Allen und Charlie Chaplin, Fellini und Chabrol, lebensphilosophische und politische Filme. Und die Sache mit den markigen Sprüchen ist ja auch bewusst etwas provokant gemeint. Dennoch sollten Sie sich auch als Mann selbstkritisch prüfen, ob Sie nicht den einen oder anderen Gedanken Ihrer Lieblingshelden von früher bis in Ihr heutiges Leben bewahrt haben.

Denn ob als Frau oder als Mann – unsere persönlichen Welt- und Wertvorstellungen sind von dem, was wir auf der Leinwand und im Fernsehen erfahren haben, mehr beeinflusst, als wir denken. Deshalb noch einmal die Frage an beide Geschlechter: Wissen Sie noch, wie Sie sich fühlten, als Sie zum ersten Mal »Winnetou« sahen, diesen edlen Indianer mit Tugenden und Fähigkeiten, die man auch gerne hätte? Oder war es vielleicht Scarlett O'Hara in »Vom Winde verweht«, diese Frau, die sich durchbiss, die Sie zur damaligen Zeit fasziniert hat? Oder Alain Delon in »Der eiskalte Engel«? Oder Jodie Foster in »Das

Schweigen der Lämmer«? In welcher Gestalt auch immer – der Film vermag mit seinen Bildern tief in unsere Gefühlswelt einzudringen und hinterlässt in uns den Eindruck von Wirklichkeit, obwohl wir wissen, dass alles Fiktion ist. Unterschwellig erzeugt das ein Wunschdenken – ebenso wie ein Märchen.

Eines ist Ihnen sicher auch schon aufgefallen: Märchen und Filme haben meist ein Happy End. Am Ende steht ein rauschendes Hochzeitsfest, das Gute siegt über das Böse, und es herrschen Eintracht und Frieden: »... und wenn sie nicht gestorben sind, dann leben sie noch heute.« Wenn wir ehrlich sind, ist das genau die Art von Auflösung, die wir uns im Grunde alle wünschen – im Märchen wie im Leben. Ein Happy End ist ein Muster, ein tiefer Wunsch, der in uns allen verankert ist.

Da verarbeiten ganze Generationen von anspruchsvollen Filmstudenten intellektuell-problematische Stoffe, da werden neue Sujets kreiert und Storys, die originell und anders sind – zum Riesenerfolg aber werden moderne Märchen wie »Pretty Woman«: Der Prinz ist hier ein reicher Unternehmer, das Aschenputtel eine junge Prostituierte – eine mit Prinzipien und natürlich sehr sympathisch. Mit Hilfe von Luxusboutiquen verwandelt sie sich in eine schöne Prinzessin, aber damit er sie wirklich bekommt, muss der Prinz seinen Mut beweisen und trotz Höhenangst mit einem Blumenstrauß die Feuerleiter zu ihr hochklettern und ihr einen Heiratsantrag machen.

Der Erfolg von Geschichten nach diesem Strickmuster beweist, wie die alten Botschaften greifen. Und die vermeintlich neuen sind gebildet aus den ewig alten von Schönheit und Reinheit, Jugend und Tapferkeit, Klugheit und Gerechtigkeit, Lohn und Strafe. Wie lebendig diese Aussagen bis heute sind, zeigen uns die modernen Märchenerzähler, die Filmemacher. Sie schaffen aus unserem Wunschdenken Welten, die unser Herz berühren und unsere geheimen Träume nähren. Reichtum und Macht, ein glückliches Leben ohne Sorgen und Probleme und strahlende Schönheit – solche Botschaften hören wir von Kindesbeinen an.

In uns bleiben diese Botschaften als Programm zurück, das wir für unser eigenes Denken und Handeln unbewusst übernehmen.

Sprüche und Botschaften aus Geschichten und Sagen spuken also in unseren Köpfen herum – gleich, ob wir Frauen oder Männer sind – und formen so zum Teil auch die Träume, Werte und Erwartungen, die wir mit unserer Rolle als Frau oder Mann verbinden. Dass jede Geschichte bis hin zu Werbespots solche »Eindrücke« hinterlassen kann, machen wir uns nur selten bewusst: Es ist für Kinder wie für Erwachsene alltäglich geworden, Botschaften zu konsumieren. Und es ist ebenso alltäglich, dass wir unbewusst meinen, den dort vorgeführten »Vor-Bildern« entsprechen zu müssen, wenn wir im Leben etwas erreichen wollen. Viele Menschen leiden deshalb unter Minderwertigkeitskomplexen, weil sie einem Bild folgen, das nicht ihr eigenes ist. Zurück bleibt das Gefühl, dass man gehindert wird, so zu leben, wie man meint leben zu müssen. Dabei liegt der Hinderungsgrund in uns selbst verborgen.

Du bist etwas Besseres

Solch eine »Lebensverhinderung« kann sich allerdings manchmal auch dadurch ergeben, dass man im richtigen

Leben fast so komfortabel wie im Märchen aufgewachsen ist. Denn wer von Geburt her schön und reich ist, bekommt nicht selten Botschaften mit auf den Weg, die ihn später daran hindern, ein normales Leben zu führen. Wer also in »märchenhaften« Verhältnissen groß wird, hat es manchmal ebenso schwer, das wirkliche Leben zu meistern, wie jemand, der das andere Extrem erlebt. Er entwickelt unter Umständen Charakterzüge, die sogar selbstzerstörerisch sind. Wie zum Beispiel Peter.

Peter ist ein »Prinz« von Kindesbeinen an. Der Vater verdient gut, die Mutter widmet sich dem Kind und den schönen Dingen des Lebens, eine Haushälterin kümmert sich ums Essen und die große Villa, den parkähnlichen Garten hält ein Gärtner in Schuss. Peter ist ein hübscher und aufgeweckter Knabe: Mit Charme und Intelligenz sorgt er dafür, dass sich von klein auf alles um ihn dreht, und er hat sehr schnell begriffen, dass er »etwas Besseres« ist. Die Schule fällt ihm zunächst leicht, erste Einbrüche im Gymnasium gleicht er mit kurzfristigem Lernfleiß vor den Prüfungen aus. Als ihm das Gymnasium zu anstrengend wird, wechselt er und macht das Fachabitur. Warum soll er sich plagen, findet er. Das hat ER doch nicht nötig. Als Jugendlichem fliegen ihm die Herzen der Mädchen zu. Er weiß, dass er gut aussieht, und mit modischer Kleidung setzt er sein Äußeres wirkungsvoll in Szene. Er kann sich die Mädchen aussuchen. Er spielt den Kavalier, führt sie zum Essen aus, hält ihnen die Tür auf, hilft ihnen in den Mantel und überrascht sie mit Rosensträußen und anderen Geschenken, die eigentlich seine Möglichkeiten übersteigen. Doch die Mutter unterstützt den Stil ihres Sohnes und finanziert entsprechende Vorhaben. Lange halten die Beziehungen allerdings nie: entweder weil die Mädchen Peters Ansprüchen nicht genügen (er hält sich schließlich für »etwas Besseres«) oder weil den Mädchen Peters verwöhnte Art zu anstrengend wird.

Als Student will Peter auf eigenen Beinen stehen und bekommt von den Eltern ein schickes Appartement finanziert. Dort feiert er mehr Feste, als dass er sich um die Vorlesungen kümmert. Er scheitert am Vordiplom – wofür er den Professoren die Schuld gibt – und wechselt das Studienfach. Dort begegnet ihm Petra. Die Namensverwandtschaft betrachtet er als glückliche Fügung, und schon bald ziehen die beiden in eine gemeinsame, größere Wohnung. Die zarte, aber ehrgeizige Petra sieht in Peter genau das, was er zu sein scheint: etwas Besseres. Dieser Glaube gerät auch nicht ins Wanken, als er noch zweimal sein Studienfach wechselt. Auf Druck und mit Vermittlung der Eltern findet Peter schließlich einen Job, den er aber nach einem vielversprechenden Start bald wieder aufgibt – die Schuld dafür gibt er seinem Vorgesetzten. Mehr als zwei Jahre hält Peter es nirgends aus. Sein gewinnendes Äußeres und seine rasche Auffassungsgabe führen immer zu schnellen Anfangserfolgen, aber bei den ersten Problemen oder Widerständen gibt er auf. Dabei führt er einen fürstlichen Lebensstil, der weit über seine Einkommensverhältnisse geht, seit die Eltern den Geldhahn zugedreht haben.

Petra erträgt seine Eskapaden, schützt »ihren« Peter, soweit es geht, und deckt mit ihrem Einkommen die lau-

fenden Ausgaben: Miete, Versicherungen, Auto. Sie verehrt Peter und seine Lebensart und feiert schließlich mit ihm eine Traumhochzeit mit der elterlichen Villa als Kulisse. Gemeinsam mit ihm glaubt sie an die unausgesprochene Botschaft, dass er »etwas Besseres« ist. Als sie schwanger wird, beginnen die Streitereien: Denn Peter ist nicht in der Lage, sich etwas einzuschränken, damit sie sich eine größere Wohnung mit Kinderzimmer leisten können.

Die Katastrophe nimmt ihren Lauf, als der »kleine Peter« viel zu früh und mit schweren gesundheitlichen Problemen zur Welt kommt. Ängste, Unsicherheit, Operationen, aufreibende Pflege des winzigen Patienten – alles muss Petra alleine bewältigen. Der »große Peter« ist nicht nur keine Hilfe, er zerfließt in Selbstmitleid und tröstet sich mit Luxus-Einkaufstouren. Als er seinen Job verliert und Petra wieder in den Beruf zurückgeht, um das Einkommen zu sichern, ist er mit der Pflege des kleinen Jungen vollkommen überfordert. Die Situation eskaliert, Petra zieht aus, reicht die Scheidung ein und erhält das alleinige Sorgerecht. Als Peter vor dem Scherbenhaufen seines Familienglücks steht, beginnt er zu trinken.

Schauen wir uns diesen Fall aus der Praxis etwas genauer an: Peter betrachtet sein Leben als eine Verkettung unglücklicher Umstände, für die er nie verantwortlich ist. Allem Anschein nach lebt er nach der unerkannten Botschaft: »Du bist etwas Besseres, also brauchst du dich auch nicht anzustrengen.« Die gewohnten überdurchschnittlichen Einkommensverhältnisse zu Hause, sein Charme und seine Talente wären ja auch eine hervorragende Ausgangsposition, sein Leben erfolgreich zu meistern und es den Eltern gleichzutun. Stattdessen geht er, sobald Probleme auftauchen, den Weg des geringsten Widerstandes und bricht zusammen, als ihn das Leben einmal auf die Probe stellt.

Doch frage ich Sie: Kann Peter etwas dafür? Ist er nicht eher zu bemitleiden? Hätte sich die Geschichte von Petra und Peter in Ihrem Bekanntenkreis abgespielt, wen würden Sie spontan als den Schuldigen ansehen: Peter? Schließlich hat er sich nicht wie ein Partner verhalten und Petra alleine gelassen. Oder Petra? Sie hätte sich ja nicht an einen solchen »Märchenprinzen« hängen müssen, sondern sich einfach einen »handfesten« Mann suchen sollen. Wie Sie auch darüber denken mögen, prüfen Sie, wie viel von Ihrer Urteilskraft möglicherweise von jenen Welt- und Wertvorstellungen beeinflusst wird, die Ihnen in den Geschichten begegnet sind, mit denen Sie aufgewachsen sind.

Das Leben ist kein Märchen

»Peter hätte sich schon ein bisschen anstrengen müssen, um seine guten Startbedingungen für ein gutes Leben zu nützen«, mögen Sie vielleicht meinen. Denn wir alle wissen, dass es im Leben anders zugeht als in den Märchengeschichten. Es fliegen uns keine gebratenen Tauben in den Mund, es fallen keine goldenen Gewänder von Haselsträuchern und keine Prinzen von den Wänden. Doch versuchen Sie es einmal so zu sehen: Mit dem goldenen Löffel im Mund geboren zu sein kann ebenso ungünstig sein, wie mitten im Leben zu stehen, aber unbewusst »märchenhafte« Zustände als Ziele zu suchen.

Denn solange Peter sich nicht bewusst macht, dass auch er schon früh mit für ihn letztlich ungünstigen Botschaften konfrontiert wurde, so lange ist er eigentlich nicht »schuld« an seinem verpatzten Leben. In Peters Fall waren die ungünstigsten Botschaften wohl die Signale der Eltern, die nicht nur durch den Lebensstil, sondern vielleicht auch durch Gesten zum Ausdruck gebracht wurden. Dazu gehören auch Kleinigkeiten wie etwa ein abwertender Blick hinüber zu denen, die ein bescheideneres Leben führen und sich mühen müssen. Das Einzige, was wir ihm vorwerfen können, ist, dass er diese Botschaften, diese »magischen Worte« seiner Kindheit nicht hinterfragt hat.

Und das macht ihn ebenso zum Opfer wie Petra, die – auch auf die falsche Botschaft hörend – in Peter etwas sehen wollte, was er gar nicht ist. Peter und Petra haben also beide Schuld und sind zugleich beide schuldlos. Denn es handelt sich in diesem Fall um eine typische Verknüpfung falscher Erwartungshaltungen.

Im nächsten Kapitel werden wir darüber noch mehr erfahren. Jetzt nur so viel: Wenn Sie es besser machen möchten als die beiden und nicht Opfer von falschen Erwartungshaltungen sein möchten, so sollten Sie auch diese Art von »Floh im Ohr« in sich aufstöbern.

Der Glaube an schicksalhafte Zusammenhänge

In diesem Zusammenhang führt uns der Weg nochmals zurück zu den Geschichten aus alter Zeit – zu eben jenen, die letztlich auch die Basis moderner Filme sind und die das Urmuster vorgeben, wie eine Geschichte funktionieren kann. Denn sie pflanzen uns nicht nur Botschaften ein, die unsere Erwartungshaltungen auf den falschen Weg bringen können, sie sind manchmal auch dafür verantwortlich, dass sich uns der Glaube an schicksalhafte Zusammenhänge einprägt.

Geschichten, in denen zum Beispiel fatale Prophezeiungen vorkommen, die trotz aller Vorsichtsmaßnahmen eintreffen, gehören mit zum ältesten Erbe der Menschheit. Die folgende Sage ist Ihnen gewiss geläufig. Sie wurde nicht zuletzt deshalb so populär, weil sie als »Ödipus-Komplex« Eingang in die psychologische Literatur gefunden hat. Spielen wir Schicksal am Beispiel von Ödipus. Ödipus ist der Sohn, dem Vatermord und Inzest gewahrsagt werden, bevor er überhaupt gezeugt ist.

»Dir soll ein Sohn gewährt werden«, erfährt sein Vater durch das Orakel, »aber wisse, dass dir vom Geschick bestimmt ist, durch die Hand deines eigenen Kindes das Leben zu verlieren.«

Als die Eltern tatsächlich einen Sohn bekommen, lassen sie das Neugeborene mit durchstochenen und zusammengebundenen Füßen im Gebirge aussetzen. Doch das Baby wird rechtzeitig gefunden und von Pflegeeltern großgezogen. Als junger Mann hört auch Ödipus die schreckliche Prophezeiung: »Du wirst«, spricht das Orakel zu ihm, »deinen eigenen Vater ermorden, deine Mutter heiraten und den Menschen eine verabscheuungswürdige Nachkommenschaft hinterlassen.« Ödipus versucht die schreckliche Prophezeiung zu umgehen, indem er die Pflegeeltern verlässt, die er für seine leiblichen Eltern hält. Unterwegs erschlägt er einen Reisenden, mit dem er in Streit geraten war, später heira-

tet er eine schöne Witwe. Damit hat sich die Prophezeiung erfüllt: Der Reisende war sein Vater und die Gattin ist seine leibliche Mutter.

Fragen wir uns einmal: Wie hätten Ödipus und seine Eltern der Prophezeiung entgehen können? Alles, was sie taten, führte genau das herbei, was sie eigentlich verhindern wollten.

Die Botschaft, die von der Ödipus-Sage ausgeht, scheint fatal, doch wenn wir genau hinschauen, finden wir ein entscheidendes Merkmal der sich selbst erfüllenden Prophezeiung.

Denn zunächst ist da eine Fremdbotschaft. Sie kann sich nur erfüllen, weil die Betroffenen daran glauben und meinen, etwas dagegen tun zu müssen. Würden Ödipus' Eltern das Orakel ignorieren, die Fremdbotschaft nicht als Selbstbotschaft akzeptieren und ihren Sohn ganz selbstverständlich zu Hause aufwachsen lassen, würde der junge Mann kaum seinen Vater erschlagen und seine Mutter heiraten. Und würde Ödipus das Orakel ignorieren, bliebe er bei seinen Pflegeeltern im Gebirge und würde seinen echten Eltern nie begegnen.

Zwar liest kaum jemand von uns antike Sagen mit dem Ziel, sie zu zerpflücken und zu analysieren. Was sich jedoch auch beim einfachen Durchlesen unbemerkt festsetzt, ist die Information, dass man seinem Schicksal nicht entrinnen kann, wie sehr man sich auch darum bemüht. Und gerade Sprüche wie: »Du kannst dem nicht entrinnen« oder: »Du bist so und du bleibst so« sind in jedem Fall fragwürdige, teils auch gefährliche Botschaften, die in unseren Köpfen herumspuken. Denn da wir oft schon als

Kinder solche zentralen Botschaften kennenlernen wie: »Lass es, wie es ist. Das ist eben Schicksal«, »Zweifle nicht an den herrschenden Mächten«, festigt sich mitunter in uns ein durchdringendes Gefühl der Machtlosigkeit und Schwäche. So wird oft eine Ursache zu fatalistischen Denkmustern begründet, also zu der Haltung, dass keiner an seinem Schicksal etwas ändern kann.

Falsch verstandene Sinnbilder korrigieren

Auf der Suche danach, was unsere mentalen Programme unbewusst mitgeprägt haben könnte, existiert noch eine Fährte, die wir hier kurz verfolgen wollen. Denn was die gesamte westliche Welt und fast jeden Einzelnen von uns entscheidend beeinflusst hat, ist die christliche Religion.

Auch wenn Sie jetzt vielleicht sagen: »Ich bin schon lange aus der Kirche ausgetreten«, oder wenn Sie sich als aufgeklärten Christen betrachten, der gläubig und doch kritisch ist – die religiösen Botschaften wurden Ihnen wahrscheinlich in der Kindheit vermittelt und fanden daher auf unreflektierte Weise Zugang zu Ihrem Denken. So entstanden möglicherweise Bilder, die die Schlange zum bösen Tier, die Frau zur Verführerin und den Menschen zum Träger der Erbsünde machen – zu einem Gottesgeschöpf, das Schuld auf sich geladen hat. »Harsche Worte«, werden Sie nun vielleicht denken und: »stark vereinfacht«. Denn unsere Religion spricht ja auch von sehr vielen positiven Dingen wie etwa Nächstenliebe. Sie haben durchaus recht! Doch sind mir immer wieder Menschen unseres Kulturkreises begegnet, die diesen Aufruf zum Sich-schuldig-Fühlen vermittelt bekommen haben: teils von den Eltern, vom Lehrer im Religionsunterricht oder in der Kirche. Gerade Menschen, die sehr streng katholisch erzogen wurden, entwickeln als Erwachsene oft eine übermäßige Strenge gegen sich selbst. Wurde die religiöse Erziehung also zu einseitig betrieben, kann später nur schwerlich eine positive Leichtigkeit, ein freudiges Gottvertrauen und starkes Selbstvertrauen entstehen, das von einem intakten Selbstwertgefühl begleitet wird.

Fragen Sie daher auch diesen Punkt bei sich selbst ab! Welche Einstellung haben Sie zu sich selbst aufgrund Ihrer religiösen Erziehung? Was erwarten Sie von sich, was verlangen Sie sich ab? Können Sie ohne Reue genießen? Oder ist Ihnen ständig das schlechte Gewissen auf den Fersen mit Sätzen wie: »Dies hast du noch nicht erledigt, an jenes hast du noch nicht gedacht, und eigentlich solltest du unbedingt noch ..., damit du ein guter Mensch bist und kein nutzloses Dasein führst.«

Haben Sie die Neigung, sich häufig selbst zu überfordern? Fühlen Sie sich oft schuldig, oder haben Sie das Gefühl, mangelhaft gearbeitet zu haben? Denken Sie manchmal: »Das tut man nicht«, »Du bist nicht fleißig genug«, »Du bist nicht tugendhaft«, »Du bist böse«, »Das ist die gerechte Strafe für dein Versagen«? Dann bedenken Sie: Wer so mit sich selbst spricht, sollte prüfen, ob ihm vielleicht einst ein Glaubensbild vermittelt wurde, das ihn in Schuldgefühle und Selbstzweifel stürzt.

Leider kommt das viel öfter vor, als wir gemeinhin annehmen. Die Selbstprüfung sollte schließlich dazu führen, dass wir ungesunden Selbstbotschaften wie: »Ich bin nichts wert« oder: »Ich bin nicht liebenswert, weil ich die Anforderungen nicht erfülle« oder: »... weil ich dem Bild nicht entspreche« abschwören. Zumindest aber können wir versuchen, extreme derartige Schuldgefühle zu erkennen und zu einem gesunden Maß zurückzukehren.

Lebensbotschaften anderer Kulturen

Sicher haben Sie inzwischen längst auch ein bisschen von sich selbst wiedererkannt. Denn Botschaften, ausgehend davon, was in unserem Kulturkreis vorherrschend ist, schlummern in den Köpfen von uns allen – seien sie religiöser Natur oder weltlicher Herkunft. Zwar haben hierzulande Märchen und Mythen ebenso wie die Religion ihre prägende Macht verloren. Die moderne Gesellschaft, in der wir leben, hat sich längst neue Götter geschaffen. Und die Sinnbilder, mit denen junge Menschen heute heranwachsen, sind nicht minder kritisch zu beäugen. Dennoch glaube ich, dass alle Kulturen sich ihre Botschaften in derselben Absicht geschaffen haben. Nämlich, um dem Menschen in seinen Fragen nach »Wer bin ich«, »Woher komme ich« und »Wohin gehe ich« Halt zu geben und damit seinem Dasein Sinn. Die Kulturen dieser Erde haben nur verschiedene Ausdrucksformen für die gleichen Fragen überliefert – also einfach andere Metaphern.

Mir ging es hier darum, jene Aussagen ins Licht zu rücken, die uns ein bedrückendes Lebensgefühl aufzwingen – Gebote und Verbote, die eigentlich nur bildhaft gemeint sind. Sie belasten uns unterschwellig aber trotzdem und behindern uns im Leben. Sie gilt es zu erkennen und zu entschärfen. Denn unterlassen wir dies, können sie mitunter eine rätselhafte Kraft entwickeln, die, ohne dass wir es merken, in unser gesamtes Sein hineinwirkt.

Wer in einer anderen Kultur aufgewachsen ist, kann

dazu Erfahrungen haben, die dies noch viel deutlicher machen. Sie scheinen uns Westlern zuweilen von einer Magie geprägt, die uns geradezu Angst macht und uns zugleich belustigt. Wie zum Beispiel das Erlebnis der aus Indien stammenden, in Deutschland lebenden Musikerin Shakti zeigt.

»Es war an einem See in meiner Heimat Indien. Ich war noch ein junges Mädchen und ging mit einer Freundin dort spazieren. Da begegnete uns eine alte Frau, die ziemlich merkwürdig ausschaute. Ihr Haar hing wild herab, das macht man in meiner Heimat aus Gründen der Buße, und sie hatte, das werde ich nie vergessen, wahnsinnige Augen. Als wir an ihr vorbeigingen, schaute sie mich plötzlich durchdringend an und sagte: ›Zeig mir deine Hand.‹ Ich habe sofort Nein gesagt und wollte weitergehen. Doch da schrie sie mir hinterher: ›Du zeigst mir deine Hand nicht, aber ich kann trotzdem alles sehen. Du wirst einmal einen Mann heiraten aus einem Land, das mit G anfängt, und er wird rötliches Haar haben. Du wirst zwei Kinder vom ihm bekommen und vor ihm sterben.‹ Wir lachten natürlich darüber, und ich habe das überhaupt nicht ernst genommen, weil es mir so abwegig erschien.«

Trotzdem hat sich die seltsame Prophezeiung der alten Frau am See bislang bereits zu einem großen Teil erfüllt. Die Inderin kam nach Deutschland, in das Land mit G wie »Germany«, um hier zu studieren. Gleich an ihrem ersten Tag an der Universität traf sie den Mann, in den sie sich verlieben und den sie später heiraten sollte, er hatte rötliche Haare. Wie sie sagte, dachte Shakti, als sie diesen Mann heiratete, nicht mehr an die Prophezeiung aus Kindertagen – in Indien wird man viel öfter als in Deutschland mit Vorhersagen für die Zukunft bedacht. Auch nicht dann, als das erste und das zweite Kind geboren wurden.

»Ich habe erst später wieder daran gedacht und mir gesagt: ›Seltsam, dass sie das alles gesehen hat.‹«

Die Fragen, die sich uns Westlern sofort aufdrängen sind doch: Ist das alles nur zustande gekommen, weil Shakti unbewusst nach einem bestimmten Mann Ausschau gehalten hat – handelt es sich also um selektive Wahrnehmung? Oder anders: Hätte sie womöglich einen völlig anderen Mann kennen- und lieben gelernt, wenn ihr die alte Frau am See nicht diesen einen geweissagt hätte? Was trägt man selbst dazu bei, damit sich eine solche Weissagung erfüllt? Braucht man bloß bereit zu sein, dem zu folgen, was uns einer für die Zukunft voraussagt, oder entgeht man dem sofort, indem man nicht andere Menschen, sondern sich selbst als seines Glückes Schmied betrachtet?

Entscheiden Sie selbst! Doch nicht, bevor ich Ihnen auch noch den Rest der Geschichte von Shakti erzählt habe. Immer dann, wenn Shaktis Ehemann einmal mit Grippe im Bett liegt und darüber klagt, dass es ihm sehr schlecht geht, beruhigen ihn seine beiden Kinder mit der lapidaren Bemerkung: »Jammer nicht so, Papa – du stirbst nicht daran. Du weißt doch, wie die Prophezeiung lautet: Mama ist vor dir dran.«

Sich von negativer Selbstbeeinflussung befreien

Sandra stammt aus einer anderen Welt als Shakti. Bei ihr hat sich eindeutig der abendländisch mahnende Zeigefinger »Leistung erbringen« einseitig tief eingegraben. Ihr wird der Genuss an ihrem freien Tag deshalb verleidet, weil sie von ihren Eltern so erzogen wurde und bisher noch nicht dazu übergegangen ist, dieses Programm für sich zu ändern. Bei Peter ist die Sache ebenfalls klar. Bei ihm steht die Erziehungsbotschaft »Du bist etwas Besseres« im Vordergrund, wodurch er jede Unbill des Lebens, jede normale Anstrengung gleich als Überforderung ansieht und jedes Mal davor kapituliert. Bei Petra hingegen fällt die Analyse nicht leicht. Möglicherweise hat sie zu viele Filme gesehen, in denen sie Märchenprinzen anhimmeln konnte, und hat den Mann ihres Lebens nach diesem Vorbild ausgesucht. Vielleicht hat sich in ihr auch nur dasselbe »Bild vom Mann« verfestigt, das auch schon ihre Mutter oder ihre Freundinnen ihr vorlebten, als sie noch mit Barbie-Puppen spielte. Eines ist jedoch augenfällig: Hätte sie bei Männern mehr auf andere als auf äußere Vorzüge geachtet, dann hätte sie vielleicht einen patenten Kerl geheiratet, der zum Beispiel kleiner gewesen wäre als sie, mit Bauch und Brille, der aber gemeinsam mit ihr dafür gekämpft hätte, dass ihr Glück nicht zerstört wird. Doch was nützt all das »Hätte-wäre-wenn«? Nachher ist man immer klüger.

Und was ist es bei Ihnen? Welcher immer wieder gehörten, welcher unterschwelligen Lebensdirektive konnten und können Sie nicht entgehen? Was hören Sie den kleinen Mann im Ohr immer wieder sagen? Träumen auch Sie mitunter noch vom Märchenprinzen oder einer Prinzessin? Oder haben Sie vielleicht schon längst den tollsten Partner an ihrer Seite, sind aber trotzdem innerlich ruhelos und unzufrieden? Die kulturellen Lebensbotschaften, die uns allen in dieser Gesellschaft auf die eine oder andere Weise vermittelt werden, lassen wir nun hinter uns. Machen wir uns im nächsten Schritt daran, die individuellen, die ganz persönlichen Bezüge unseres Lebens aufzuspüren.

Lernen wir, uns von negativer Selbstbeeinflussung zu befreien.

3. So erkennen Sie sich selbst

Brauchen Sie ein neues Selbstverständnis?

Fordert jeder Tag viel von Ihnen? Befinden Sie sich öfter in der Situation, das eigene Pensum schaffen zu müssen, und übernehmen dabei auch noch Tätigkeiten, die eigentlich nicht Ihre Aufgabe sind? Kommt es häufiger vor, dass Sie sich etwas fest vorgenommen haben, es dann aber doch sein lassen, weil Sie auf andere Rücksicht nehmen – dass Ihnen also deren Interessen wichtiger sind als Ihre? Müssen Sie beim Zusammenleben mit dem Partner oder mit der Familie einiges einstecken? Ärgern Sie sich dann über die Nachlässigkeit, Lieblosigkeit oder den Egoismus der Menschen in Ihrer Umgebung, reagieren aber dennoch nicht gebührend darauf? Kommt es gelegentlich vor, dass Sie im Grunde zehn Arme benötigten, um den vielfachen Anforderungen gerecht werden zu können, die an Sie gestellt sind? Sind Sie dann an manchen Tagen alles in einer Person: Krisenmanager und Diplomat, Blitzableiter und Allesversteher, Dreckwegmacher und Hausbutler, Seelentröster und Mülleimer, Helfer und Erfüller, Superweib bzw. Supermann?

Wenn Sie auf alle diese Fragen mit Nein antworten konnten, möchte ich Sie beglückwünschen. Sie sind anscheinend sehr frei und ungebunden und Sie leben, wie Sie leben möchten. Falls Sie sich aber gerade selbst wiedererkannt haben, sollten Sie dem Verdacht auf den Grund gehen, dass es Ihnen in manchen Bereichen Ihres privaten oder beruflichen Lebens besser gehen würde, wenn nicht immer alles so geballt käme. Wahrscheinlich verspüren Sie den Wunsch, selbst anders damit umgehen zu können und sich nicht immer so vereinnahmen zu lassen – dann möchte ich Sie dazu ermuntern, zu einem neuen Selbstverständnis zu gelangen.

Seien Sie deshalb im Folgenden einmal ganz ehrlich zu sich selbst. Denn das Problem sind eigentlich nicht die anderen und die damit verbundenen Pflichten und Aufgaben des täglichen Lebens. Das eigentliche Problem, vermute ich, ist: Sie fühlen sich in Ihrer Rolle ganz wohl. Ich gehe mit meiner Vermutung sogar noch weiter und sage: Sie fühlen sich immer dann am besten, wenn Sie gebraucht werden, wenn Sie einspringen und helfen müssen, wenn man Sie um etwas bittet und Sie zeigen dürfen, dass Sie zu etwas in der Lage sind, was andere nicht können. Denn – Hand aufs Herz: Dann erst fühlen Sie sich wertvoll. Werden Sie dagegen nicht gebraucht, fühlen Sie sich weniger wert.

Wie gesagt, ich vermute das nur. Vielleicht liege ich in Ihrem Fall völlig daneben. Daher nehmen Sie sich bitte einige Minuten Zeit, um dies eingehend zu prüfen. Denken Sie darüber nach, aufrichtig und ohne sich etwas vorzumachen: Welchen Stellenwert nimmt es in Ihrem Leben ein, für andere da zu sein und gebraucht zu werden?

Nicht, dass wir uns missverstehen: Es geht gar nicht darum, dass das etwa eine schlechte Eigenschaft wäre. Denn eines steht fest: Es ehrt Sie, wenn Sie so sind. Ihre Mitmenschen erleben Sie als jemanden, der alles andere als egoistisch ist. Das ist ehrenhaft und unzweifelhaft positiv – zumindest auf der einen Seite. Deshalb möchte ich das, was Sie tagtäglich – auch für andere – leisten, auf keinen Fall entwerten.

Dennoch sollten Sie den Mut aufbringen, hier selbstkritisch zu sein. Denn wir wollen schließlich jene ganz persönlichen Lebensbotschaften ausfindig machen, die ursächlich dafür verantwortlich sind, dass wir uns manchmal selbst im Weg stehen. Und wenn wir des Guten zu viel tun, dann kann auch eine nach außen hin positiv wirkende Eigenschaft zu einem Strick werden, mit dem wir uns selbst zu Fall bringen – wie das Beispiel von Marcel zeigt:

Marcel ist ein Einzelkind. Der Vater ist gestorben. Die Mutter verwöhnt Marcel sehr. Nicht zuletzt auch, weil er ein Ersatz für den verlorenen Ehemann ist. Schon früh prägt sich ihm ein, dass er »Mamas kleiner Mann« ist. Und Marcel tut alles für seine Mutter – er erfüllt ihr, wenn möglich, jeden Wunsch, auch später, als er schon erwachsen ist.

Als Jugendlicher ist Marcel der Schwarm aller Mädchen. Aber erst mit 30 Jahren begegnet er »seiner« Isabelle. Die zarte Zwanzigjährige erscheint Marcel wie ein Wesen von einem anderen Stern: Sie ist wiederum die einzige, verwöhnte Tochter und weckt sofort seine Beschützerinstinkte. Er, ganz Kavalier, führt sie zum Essen aus und überrascht sie regelmäßig mit liebevoll ausgesuchten Geschenken.

Als Isabelle schwanger wird, heiraten die beiden. Nach dem ersten Kind folgt rasch ein zweites. Die beiden Töchterchen sind Marcels ganzer Stolz. Er möchte, dass es seiner Familie an nichts mangelt. Dafür arbeitet er hart. Als Angestellter im öffentlichen Dienst ver-

dient er nicht allzu viel. Also betreibt er am Feierabend und am Wochenende noch ein Unternehmen, um mehr Geld heimzubringen. Bald ist er in der glücklichen Lage, ein Haus bauen zu können; die Töchter bekommen Pferde, seine Frau das heiß ersehnte Zweitauto und eine Putzhilfe, und seiner Mutter kauft Marcel eine kleine Eigentumswohnung. Alles scheint in Ordnung. Marcel bemüht sich nach Kräften, die Ansprüche seiner Familie zu befriedigen. Alle sind zufrieden – denkt er.

Als die Töchter ins Teenageralter kommen, werden sie unzufrieden. Immer öfter benehmen sie sich verwöhnt und frech und respektieren ihren Vater nicht mehr. Auch Isabelle macht ihrem Mann Vorwürfe, dass er sich zu wenig um sie und die Kinder kümmere – und er weiß, dass er da Versäumnisse einräumen muss, weil er selten zu Hause ist. Da Isabelle schon lange von einem Appartement in der Stadt träumt, um mehr am kulturellen Leben teilnehmen zu können, erfüllt Marcel ihr diesen Wunsch, damit wieder Ruhe einkehrt. Diese Ruhe hält jedoch nicht vor. Seine Familie möchte mehr: Modehund und Tennisclub, Mitgliedschaft im Golfclub und Luxusurlaube. Als Marcel irgendwann von »Höhenflügen« spricht und Unverständnis zeigt, gerät die Ehe in die Krise. Bis Isabelle schließlich Trost bei einem anderen sucht, der sie als Frau wieder wahrnimmt. Zwei Jahre wird die Ehe auf eine harte Probe gestellt, Marcel tut alles, um seine Frau zurückzugewinnen, doch reicht es nicht, um die Scheidung zu verhindern.

Marcel versteht die Welt nicht mehr und fragt verzweifelt nach dem Warum: »Ich habe doch immer alles getan?« Während Frau, Töchter und Pferde im Haus auf dem Lande weiterleben, zieht er ins kleine Stadtappartement. Seine Töchter zeigen wenig Lust, ihn dort zu besuchen. Und er braucht lange, um sich damit abzufinden, dass das, was er aufgebaut hat, in die Brüche gegangen ist.

Mit fast 50 Jahren lernt er auf einem Geschäftsempfang Susi kennen – eine gut aussehende, schutzbedürftige Frau, 20 Jahre jünger als Marcel. Susi ist sehr anspruchsvoll und hat viele Wünsche – Marcel versucht sie ihr zu erfüllen …

Der Erfüllertyp und das Helfersyndrom

Männer wie Marcel leben in der Gefahr, zum ewigen »Erfüller« zu werden. Sie sind darauf programmiert, stets die Erwartungen anderer Menschen zu erfüllen und dabei selbst den Überblick zu verlieren, was wirklich sinnvoll ist. Sie denken, wenn sie die Wünsche ihrer Familie, des Lebenspartners oder der Eltern befriedigen, haben sie alles getan, was nötig ist. Dafür stecken sie selbst zurück. Unzufriedene Stimmen in ihrem eigenen Inneren übertönen sie mit Gedanken wie: »Du kannst das stemmen«, »Du schaffst das schon« – was an sich ja positive Selbstbotschaften sind. Doch geraten sie einem Erfüllertyp leicht zum Nachteil und werden zur Ursache für ein Lebensprogramm, bei dem er sich ständig selbst überfordert.

Das Schwierige daran: Wer einmal auf »Erfüller« programmiert ist und nicht dahinterkommt, wie nachteilig sich dies am Ende für ihn selbst und alle Beteiligten auswirken kann, sieht erst einmal keinen Anlass, dieses Programm zu ändern. Denn äußerlich scheint ja nicht selten alles in Ordnung. Die Menschen um uns herum möchten etwas und brauchen uns – also tun wir, was sie möchten, und geben ihnen, was sie brauchen.

Nicht nur Männer sind häufig in diesem Denkschema gefangen. Wir alle wissen: Bei Frauen kommt das sich selbst vergessende Handeln noch viel häufiger vor, sei es als Ehefrau und Mutter, Angestellte oder Mädchen für alles.

Denn das Gegenstück zum männlichen Erfüller bildet die Frau mit Helfersyndrom. Die Quelle ihrer Selbstaufopferung ist nicht selten die früh anerzogene Botschaft: »Du musst lieb und hilfsbereit sein, die Familie zusammenhalten und auch einiges einstecken können.« Frauen mit dieser mentalen Programmierung harren entweder an der Seite eines schwierigen Partners aus, managen Karriere und Kinder, Beruf und Familie gleichzeitig, ohne aufzubegehren, und sind oft in helfenden Berufen zu finden, wie zum Beispiel Krankenschwester oder Altenpflegerin. Nach außen wirken diese Frauen meist stark und selbstbewusst. Im Inneren unterdrücken sie jedoch oft ihren Kummer.

Vermeintlich positive Botschaften

Die Frage ist: Warum tun Menschen so etwas? Weshalb leben Erfüller- und Helfertypen ein so anstrengendes und oft auch riskantes Leben – denn sie leben ja stets in der Gefahr, dass am Ende alles kaputtgeht, wie wir am Beispiel von Marcel gesehen haben? Mit diesem Kapitel möchte ich Ihnen, liebe Leserinnen und Leser, helfen, mehr über sich selbst herauszubekommen. Fangen wir damit an, dass Sie sich an dieser Stelle fragen: Bin ich womöglich auch mit Botschaften aufgewachsen, die nach außen hin positiv erscheinen, letztlich aber negative Folgen haben können? Habe ich vielleicht ebenfalls Züge des Erfüllertypus? Habe auch ich einen Partner, einen Beruf oder ein Leben gewählt, in dem ich vor allem Helfer bin?

Fragen Sie sich auch danach, was die Motive sein könnten. Haben Sie vielleicht ähnlich wie Marcel schon früh eine Rolle innegehabt, in der Sie zwar noch klein waren, aber trotzdem schon groß sein sollten? Waren Sie zum Beispiel die älteste Schwester, die häufig ihre jüngeren Geschwister hüten musste? Waren Sie der große Bruder, der immer dann Lob bekam, wenn er seine jüngeren Brüder versorgte: »Sieh mal, wie ein Großer«? Fragen Sie sich bitte weiter nach dem Wortlaut der Botschaft, die man Ihnen in diesem Zusammenhang womöglich mit auf den Weg gab: Haben Sie diesen Hang zum Erfüller und Helfer, weil man Ihnen immer dann signalisierte, ein »lieber Junge« oder ein »liebes Mädchen« zu sein, wenn Sie als Erfüller oder Helferin auftraten? Gaben Ihnen die Erwachsenen, die Sie lobten, wenn Sie sich für andere eingesetzt und selbstlos gehandelt haben, in diesem Augenblick das Gefühl, wichtig und unabkömmlich zu sein?

Und nun die etwas heiklere Frage – sie führt darauf zurück, was ich weiter oben schon angedeutet habe: Fühlen Sie sich nur dann (oder dann besonders) als wertvoller Mensch, als Mensch mit Daseinsberechtigung? Fühlen Sie sich nur dann als Mensch, der zu etwas gut ist, wenn Sie gebraucht werden? Wenn Sie darauf keine Antwort wissen, machen Sie die Probe: Stellen Sie sich vor, plötzlich nicht mehr für andere sorgen zu müssen, sich nur noch um sich selbst kümmern zu können – plötzlich wäre niemand mehr da, der nach Ihnen verlangt. Wie wäre das? Wenn Sie sich das durchaus vorstellen können, dann laufen Sie nicht Gefahr, ein Helfer- oder Erfüllertyp zu sein. Ruft dieses Bild aber gewisse Beklemmungsgefühle in Ihnen hervor – vielleicht sogar die Frage: »Was soll ich dann mit meinem Leben anfangen?« –, so sollten Sie Ihr Verhalten im Hinblick darauf einmal überprüfen.

Aufpassen, sich nicht selbst zu verlieren

Wichtig ist, dass Sie das richtige Maß finden. Das soll nicht heißen, dass Sie nicht mehr für andere da sein dürfen, ganz gewiss nicht. Es ist ja ein großes Glück, andere Menschen zu erfreuen, zu verwöhnen, Hilfsbedürftige zu unterstützen oder für seine Familie zu sorgen, ihr Wünsche und vielleicht auch Träume zu erfüllen. Doch sind Sie gefährdet, des Guten zu viel zu tun, so sollten Sie aufmerksamer damit umgehen. Achten Sie daher darauf, bewusster über Ihr Engagement zu bestimmen. Denn wer sich als Mensch allein darüber definiert, für andere zu leben, verlernt irgendwann, sich selbst zu leben. Er wird quasi vom Alltag und den anderen »gelebt« und verliert so den Kontakt zu den eigenen geistig-seelischen und körperlichen Bedürfnissen. Der »Burn-out« – das innere Sich-ausgebrannt-Fühlen – ist häufig die Folge, im Extremfall auch der Herzinfarkt oder Schlaganfall.

Was ebenfalls bedacht werden sollte: Denken Sie einmal über die Signale nach, die Sie anderen Menschen vermitteln. Denn nicht immer sind Ihnen die anderen dafür dankbar, dass Sie sich für sie aufreiben. Wie wir am Beispiel von Marcel sahen, so kann ein Vorsatz wie: »Ich möchte alles für dich tun« oder: »Ich will meiner Familie jeden Wunsch erfüllen« auch nach hinten losgehen. Zwar ist der Erfüller selbst in diesem Moment davon überzeugt, das Richtige zu tun. Doch kann dieses selbst geschaffene Programm so raumgreifend sein, dass für andere Dinge – solche, mit denen man den anderen Menschen vielleicht sogar einen viel größeren Gefallen tun würde – kein Platz mehr bleibt. Und das sind meist Werte, die nicht aus Annehmlichkeiten und Luxusgütern bestehen. Solche anderen Werte sind Zeit füreinander oder Gespräche miteinander. Kindern gegenüber kann es wichtiger sein, ihnen Grenzen aufzuzeigen sowie Erfahrungen und visionäre Vorstellungen zu vermitteln, als sie mit materiellen Geschenken zu überhäufen. Nicht nur Kindern gegenüber ist es wichtig, ihnen zu zeigen, dass auch eine Mutter und ein Vater gleichzeitig Frau und Mann sind – Menschen, die auch einmal müde sind und sich erholen müssen. Auch Kollegen und Vorgesetzten, Freunden und Nachbarn gegenüber sollten Sie zeigen, dass Sie sich zwar gern einsetzen und helfen, dass Sie aber auch den Mut haben, einmal Nein zu sagen. Ansonsten führt die vermeintlich positive Botschaft »Du schaffst das« in die Sackgasse. Nichts geht mehr. Die Kraft hat sich verbraucht. Man hat sich im wahrsten Sinne des Wortes »verausgabt« – sich selbst »aus-gegeben«, sich selbst verloren und meist noch vieles mehr, was man durch sein selbstloses Handeln gewinnen wollte. Und was jetzt? Den Rückwärtsgang einlegen ist möglich!

So sollte es Ihnen, die Sie diese Zeilen lesen, ein Anliegen in eigener Sache sein, sich in diesen Punkten genauestens zu befragen.

Versuchen Sie, sich noch heute an die vermeintlich positiven Botschaften zu erinnern, die als Auslöser für Ihre Erfüller- oder Helfersymptome in Frage kommen. Botschaften, deretwegen Sie sich vielleicht manchmal selbst im Weg stehen. Denn ist das Erfüllen und Helfen einmal zum Programm geworden, kann es zu einer sich selbst erfüllenden Prophezeiung werden – einer sich ewig fortsetzenden Spirale –, wodurch sie am Ende genau das Gegenteil von dem erreichen, was Sie erreichen möchten.

Tipp: *Üben Sie sich darin, sich Ihr Selbstwertgefühl nicht nur über das »Danke« oder die leuchtenden Augen anderer zu holen. Verstärken Sie ab heute Aktivitäten, bei denen Sie sich ganz allein ein gutes Gefühl verschaffen: Das kann einfach ein Nachmittag ganz allein zu Hause sein, ein Besuch in einem Wellness-Center, wo Sie sich richtig verwöhnen lassen; fangen Sie an, Tagebuch zu schreiben, oder – für Fortgeschrittene: Fahren Sie einmal alleine in Urlaub und lernen Sie, die Vorzüge des Alleinreisens zu genießen.*

Verwöhnbotschaften

Eine andere Form vermeintlich positiver Botschaften sind Verwöhnbotschaften. Sie kommen oft dadurch zustande, dass man von anderen – meist einem Elternteil – quasi auf ein Podest gesetzt wurde. Auch diese Botschaften führen in die Sackgasse sich selbst erfüllender Prophezeiungen. Denn was immer so war, soll immer so bleiben – und kommt am Ende doch anders, wie Klaus, ein typischer Fall, beweist.

Klaus ist ein Einzelkind. Der Vater verdient gut, die Mutter kümmert sich um Haushalt und Garten und ihre beiden Männer. Alles bekommen die beiden so gerichtet, wie es ihnen gefällt, und abgesehen von schweren körperlichen Arbeiten erledigt die Mutter alles selbst. Auch Klaus' Zimmer hält sie in Ordnung. Daher bleibt Klaus auch während des Studiums im Hotel Mama wohnen. Hier genießt er den mütterlichen Rund-um-Service, während seine Mitstudenten ihr Leben selbst organisieren müssen.

Klaus ist bei der Wahl seiner Freundinnen sehr kritisch. Jedes Mal findet er etwas, das ihn stört. Die eine lebt in einer Wohnung, die unordentlich ist, die Nächste kann nicht kochen, die Dritte ist zu emanzipiert – bis er Anne trifft. Von Beruf Wirtschafterin, hat sie all das, was er sich von einer künftigen Ehefrau erwartet, und sie bringt ihm sogar das Frühstück ans Bett. Anne übernimmt die Rolle der alles könnenden und sich selbst organisierenden Frau an seiner Seite – ganz wie seine Mutter.

Klaus und Anne heiraten. Als Anne ein Jahr später schwanger wird, geht es mit dem häuslichen Frieden bergab. Immer wieder gibt es Streit. Anne erwartet von Klaus ein wenig Mithilfe. Doch er, der in seinem bisherigen Leben mit Staubsaugen, Müllraustragen und Einkaufen nichts zu tun hatte, weigert sich. Er reagiert mit Trotz und räumt weiterhin nicht einmal seine eigenen Sachen weg: von der in Einzelteile zerlegten Tageszeitung bis zu den lehmigen Joggingschuhen. Annes Vorwürfe machen ihm klar, dass er inzwischen nicht mehr der Mittelpunkt der Beziehung ist. Ohne es recht zu merken, ent-

wickelt er deshalb eine Antihaltung gegen den »neuen Mittelpunkt«, gegen sein noch ungeborenes Kind.

Als sein Sohn Tobias zur Welt kommt, wird es noch schlimmer. Klaus ist genervt, wenn das Baby schreit (»Kannst du ihn nicht endlich ruhigstellen?«). Klaus geht zu seiner Mutter zum Essen (»Anne kocht überhaupt nicht mehr richtig für mich«). Klaus flüchtet mit Freunden zum Segeltörn (»Zu Hause dreht sich ja nur noch alles ums Kind«). Jede Kleinigkeit macht ihn aggressiv. Immer öfter schreit er Anne und das Kind an. Anne versucht jedes Mal einzulenken, um den Frieden wiederherzustellen, doch wertet Klaus dies nur als Bestätigung. Er hat nach wie vor den Anspruch, dass er in der Familie die erste Geige spielen will.

Der Streit erreicht einen neuen Höhepunkt, als Anne nach drei Jahren wieder in den Beruf zurückkehren möchte – zunächst möchte sie eine Halbtagsstelle. Nun sieht er seine Vormachtstellung als Hauptperson endgültig gefährdet: »Erst die Jahre, in denen ich wegen des Kindes zurückstecken musste, und nun auch noch das. Soll ich mir abends etwa selbst mein Essen machen? Soll ich vielleicht dein Hausmann werden? Du bist ja total auf dem Emanzentrip!« Die Diskussion um Annes Berufstätigkeit endet jedes Mal darin, dass Klaus Anne mit Schuldzuweisungen überhäuft. Als ihr dann konkret eine Stelle angeboten wird, bittet sie Klaus noch einmal um sein Einverständnis: »Lass es uns doch wenigstens versuchen. Ich will ja nur, dass mein Anspruch auf eine Stelle nicht verfällt.« Doch er bleibt hart. Er hat Angst, dass Anne sich dann nicht genug um ihn kümmern kann, und zwingt sie, die Stelle auszuschlagen.

Es kommt schließlich zum Bruch. Die Beziehung von Anne und Klaus geht auseinander, als der kleine Tobias sechs Jahre alt ist und eingeschult wird. Die Botschaft, die sich ihm schon früh eingegraben hat, ist eine ganz andere als die des verwöhnten Vaters, der immer wollte, dass sich alles nur um ihn dreht. Sie lautet: »Du störst.« Damit aufzuwachsen ist für ein Kind eine sehr schwere Bürde. Und eine ganz andere Geschichte.

Anspruchsvoll und unzufrieden

Verwöhnte Kinder laufen Gefahr, immer weiteres Verwöhntwerden zu erwarten. Werden ihre Erwartungen nicht dem gewohnten Maß entsprechend erfüllt, reagieren sie häufig mit Aggression. Sind sie nicht in der Lage, ihre eigene Programmierung zu erkennen und ihre Erwartungen herunterzuschrauben, hat Zufriedenheit keine Chance – auch wenn sie in der Realität vernünftige Verhältnisse vorfinden würden.

Männer wie Klaus sind stark gefährdet, unzufrieden zu enden, weil sie von klein auf das Bild vermittelt bekommen haben: »Du bist die Hauptperson«, und: »Es dreht sich alles nur um dich.« Sie freuen sich im Grunde auf ihr Dasein als Familienvater. Geben ihnen aber ihre Partnerin oder das Leben plötzlich zu verstehen, dass sie nun mit weniger zufrieden sein müssen als gewohnt, dass sie eine Zeit lang nicht mehr die Hauptrolle spielen werden – dann kann es zu Überreaktionen kommen, in denen sie wieder wie kleine Kinder reagieren, ihr Recht auf Verwöhnung einfordern und dabei, ohne es zu wollen, alles zerstören.

Gleiches gilt für Frauen, die mit einer Verwöhnbotschaft

aufgewachsen sind wie etwa: »Du bist meine kleine Prinzessin.« Wünscht eine solche Frau sich zum Beispiel einen erfolgreichen Mann, »der auch etwas darstellt«, verknüpft sie natürlich Erwartungen mit ihm. Wird dieser Mann dann am Ende statt Konzernchef »nur« Abteilungsleiter mit einem Gehalt, das »nur« für ein Reihenhäuschen reicht und nicht für die Villa am See, so kann sich Ähnliches abspielen. Die anspruchsvolle Frau folgt ihrer früh gelernten Lebensbotschaft »Für dich ist das Beste gerade gut genug« und wird unzufrieden, weil der Mann mit diesem Programm nicht Schritt halten kann. Wird einer solchen Frau nicht bewusst, dass sie es eigentlich doch ganz gut getroffen hat, so kann sie ihre Verwöhnbotschaft nicht ablegen. Da nutzt es auch wenig, dass ihr Angetrauter ihr oft kleine Geschenke macht, bei jedem Wetter Brötchen holt, viel Zeit mit den Kindern verbringt und ihnen tolle Baumhäuser baut. Ihrem Erwartungsbild kann er nicht entsprechen. Nicht selten bedeutet eine solche Konstellation eine Ehe, in der sie ständig an ihm herumkrittelt und er bald mehr Zeit im Hobbykeller verbringen möchte als mit seiner Frau.

Unzufriedenheitsbotschaften

Unzufriedene sind in unserer westlichen Welt weit verbreitet. Die Antwort auf das Warum gründet zum Teil in der Wohlstands- und Leistungsgesellschaft. Denn viele Menschen der Nachkriegsgeneration sind in respektablen Verhältnissen aufgewachsen und haben noch nie den Mangel an Nahrung oder Kleidung erfahren – gut geheizte Wohnungen sind für uns so selbstverständlich wie Urlaub oder ein eigenes Fahrzeug. So scheint es nur natürlich, dass wir als Erwachsene diesen Wohlstand weiter ausbauen möchten, es sei denn, man will ihm bewusst abschwören, wie es etwa die Hippies der 60er- und 70er-Jahre versucht haben. Hinzu kommt, dass wir beim Leben in einer Leistungsgesellschaft täglich mit Lebensbotschaften wie: »Es geht noch besser«, »Alles lässt sich toppen« oder: »Hast du was, bist du was« konfrontiert werden. So kommt es, dass heute viele – gerade auch junge – Menschen sehr darauf achten, dass alles den gewohnten hohen Ansprüchen genügt. Sie haben einen geschulten Blick, der sofort erkennt, was nur Mittelmaß und nicht »top« ist. Dazu gehört etwa das Markenbewusstsein bei der Kleidung, das unter Jugendlichen sogar zur Ausgrenzung von Mitschülern führt, die nicht die »richtigen Klamotten« tragen. Dazu gehört aber auch der Neid, den wir empfinden, wenn wir den Nachbarn mit dem teuren Wagen fünfmal im Jahr in Urlaub fahren sehen. Wir denken: »Wieso kann der sich das leisten und ich nicht?« – und das schafft Unzufriedenheit.

Vielen Menschen fällt es schwer, auch mit weniger zufrieden zu sein. Als Lebensberater und Coach erfahre ich immer wieder, wie verbreitet dieses Problem ist: Sich auch an einfachen Dingen zu erfreuen, wie Gesundheit, Leben in Freiheit, genügend zu essen oder dass wir alle Möglichkeiten haben, unser Leben selbst zu gestalten – das sind Werte, die viele nicht achten. Ich habe vor Jahren das Buch »Lebenskünstler leben besser« geschrieben (heute unter dem Titel: »Positiv den Tag gestalten«), um mehr Bewusstsein dafür zu wecken, wie gut es uns eigentlich geht und wie viele Möglichkeiten wir haben, aus jedem neuen Tag das Beste zu machen. Denn die bei uns verbreitete Unzufriedenheit geht an dem vorbei, was in anderen Ländern dieser Erde Realität ist. Sie basiert oft auf dem Anspruchsdenken, das uns schon in Kindertagen vermittelt wird, etwa mit Sätzen wie: »Erst wenn wir das und das haben – dann können wir zufrieden sein.«

Doch wenn zuerst das neue Offroad-Gefährt (der Traumurlaub, der Lottogewinn) Wahrheit werden muss, damit ich glücklich sein kann, dann sorge ich ständig für neuen Unzufriedenheits-Nachschub. Die sich selbst erfüllende Prophezeiung dabei ist: Wenn ich mir sage »Ich bin erst zufrieden, wenn ich dieses und jenes bekomme oder erreiche«, werde ich unzufrieden sein, solange ich nicht ans Ziel meiner Wünsche gelange. Und dabei vergeht in der Regel viel Zeit – wertvolle Lebenszeit, die nicht rückholbar ist. Wir haben sie vertan, wenn wir sie nur dazu benützt haben, an den vorhandenen Umständen herumzumäkeln. Was ist, wenn wir nie den Hafen unserer Glückseligkeit anlaufen – wenn also das, was war, eben alles war?

Tipp: *Warten Sie nicht bis zum Tag X, der vielleicht nie kommt. Trainieren Sie Ihre Zufriedenheit an Kleinigkeiten. Stecken Sie sich dazu morgens eine Handvoll Nüsse oder Bohnen in die Tasche und versuchen Sie an einem gewöhnlichen Tag (auch montags!), schöne Momente zu sammeln. Das geht so: Wann immer Sie an diesem Tag etwas Erfreuliches erleben, eine freundliche Geste, ein Lächeln, ein Danke bekommen oder ein sonniges Plätzchen für den Espresso am Nachmittag, lassen Sie eine Nuss von der einen in die andere Tasche wandern. Am Abend sollten Sie dann die schönen Mo-*

mente des Tages anhand der gesammelten Nüsse vor Ihrem geistigen Auge Revue passieren lassen. Gehen Sie mit diesen Gedanken zu Bett, und denken Sie vor dem Einschlafen an all das, was an diesem Tag erfreulich war.

Die eigene Unzufriedenheit analysieren

Mit Unzufriedenheitsbotschaften im Kopf durchs Leben zu laufen kann also – wie so vieles andere – eine Einbahnstraße sein. Werden diese Botschaften von uns nicht entdeckt und entschärft, so versperren sie uns den Weg in eine »gesunde« Richtung. Das »Ungesunde« daran ist, dass wir uns selbst ständig mit negativer Energie versorgen und damit auch noch die Menschen in unserer Umgebung anstecken. Auf diese Weise kommt es zu einer ständigen Rückkoppelung. Denn wenn wir verlernt haben, uns über Kleinigkeiten zu freuen, so sind wir auch nicht in der Lage, anderen Menschen eine kleine Freude zu machen. Und andere Menschen, die uns eine kleine Freude machen wollen, haben bei uns keinen Erfolg, weil wir ja etwas viel Größeres erwarten. Daraus ergibt sich, dass manche Typen unzufriedener Menschen unersättlich scheinen. Der Mann, der eine liebe, aufopferungsvolle Frau hat, die ihm alles verzeiht und für alles Verständnis zeigt, wird nur noch liebloser und unzuverlässiger. Die Frau, die von ihrem Ehemann auf Händen getragen wird, wird so erlebt, dass sie immer noch höhere Ansprüche befriedigt haben will. Das Fatale ist: Unzufriedenheitscharaktere wünschen sich von Herzen nichts anderes, als den Zustand der Zufriedenheit zu erreichen, konzentrieren sich aber auf alles, was Unzufriedenheit erzeugt. Und zu optimieren gibt es immer etwas.

Fragen Sie daher an dieser Stelle auch sich selbst. Wenn Sie Ihre eigenen, individuellen Lebensbotschaften erforschen, so ist es sehr wichtig, auf diese unterschwelligen Unzufriedenheiten zu achten. Versuchen Sie herauszubekommen, worin sie ihren Ursprung haben könnten. Sind auch Sie vielleicht als Kind zu sehr verwöhnt worden, waren Sie das Ein und Alles Ihrer Eltern? Wenn ja, welche Art Verwöhnung war das? Hat sie dazu geführt, dass Sie sich als Kind wie in einer Art Kokon befanden, völlig eingebettet und abgeschottet von den Härten der Welt draußen? Oder war es eher so, dass Sie sich sogar gegen die Verwöhnung gewehrt haben – gar nicht wollten, dass man Sie bevorzugt behandelte? Denken Sie einmal genau nach!

Nehmen Sie sich Zeit für eine »Drei-Fragen-Selbstanalyse«. Lassen Sie Unzufriedenheitsgefühle einmal zu. Unterdrücken Sie sie nicht, sondern beleuchten Sie sie näher. Stellen Sie sich folgende Fragen:

Die Drei-Fragen-Selbstanalyse

1. Worin bestehen die Dinge, die mir nicht gefallen – an denen ich mich täglich aufreibe?
2. Wie müsste es sein, damit ich zufrieden bin?
3. Warum handle ich so, wie ich derzeit handle?

Besonders mit der Beantwortung der dritten Frage können Sie versuchen, Ihrer persönlichen Lebensbotschaft auf die Spur zu kommen und sie unter die Lupe zu nehmen. Deshalb fragen Sie sich weiter: Was nährt meine Unzufriedenheit? Wie sieht dieses Bild, dieser Satz, diese Botschaft aus, die ich damit verbunden sehe? Sind es zum Beispiel solche Aussagen wie: »Für dich ist das Beste gerade gut genug«, »Für mich soll's rote Rosen regnen« (wie bei Hildegard Knef), »Du brauchst dich nicht mit den ›Niederungen‹ des Lebens abgeben«? Was es auch sei: Fragen Sie sich, was Sie selbst dazu beitragen können, um diese nur scheinbar positiven Botschaften zu verändern, die aber nicht dem normalen Leben entsprechen und nur Unzufriedenheit hervorrufen.

Betrachten wir zum Beispiel das Berufsleben. Unzufriedenheit im Job ist für die meisten Menschen das Hauptübel. Jeder Zweite klagt darüber, dass er seine Arbeit besser und lieber machen würde, wenn andere Bedingungen vorherrschten: wenn es weniger stressig zuginge und mehr Ruhe vorhanden wäre, wenn der Vorgesetzte sympathischer oder fähiger wäre, wenn das Gehalt höher und die Kollegen weniger faul und intrigant wären. Für diese Menschen ist ihre Arbeit eine Quälerei. Erst in der Freizeit leben sie auf, werden aktiv und gut gelaunt.

Kennen Sie so etwas? Müssen auch Sie sich jeden Morgen ins Büro zwingen und freuen sich noch vor der Mittagspause auf den Feierabend? Oder sehnen Sie bereits jetzt die Zeit der Pensionierung herbei? Möchten Sie am liebsten heute noch dem Chef und den Kollegen für immer Lebewohl sagen? Dann horchen Sie einmal aufmerksam in sich hinein: Woher könnten diese negativen Gefühle kommen? Sind Sie in einem Beruf gelandet, den Sie eigentlich nie ergreifen wollten? Sind Sie vielleicht aufgrund einer vermeintlich positiven Botschaft Ihrer Eltern wie: »Aus dir wird mal ein guter Handwerker, aber kein Manager« oder: »Du kannst das so gut – du übernimmst einmal unseren Betrieb« dort, wo Sie heute sind – aber nicht dort, wo Sie im Grunde Ihres Herzens gern sein möchten? Und nun denken Sie ständig darüber nach, dass Sie Maschinen eigentlich lieber bauen als verkaufen würden? Oder sich lieber in einer Boutique mit edler Bekleidung umgeben würden oder lieber Schauspieler oder Tänzerin geworden wären, statt in der elterlichen Bäckerei Brötchen anzupreisen?

Wenn Sie nun feststellen, dass Sie in einem Beruf arbeiten, der Ihnen liegt, ist alles bestens. Handeln sollten Sie aber, wenn Sie spüren, dass Ihre tägliche Arbeit Ihrer Persönlichkeit überhaupt nicht entspricht. Wenn Sie zum Beispiel durch immer wieder gehörte Sätze wie: »In unserer Familie waren alle Frauen Ärztinnen und du wirst auch mal eine gute« oder: »In dir steckt derselbe Kämpfergeist wie in deinem Vater« von Ihren wahren Neigungen ferngehalten wurden, dann sollten Sie unbedingt etwas ändern. Denn wenn Sie Ärztin geworden sind, weil andere – etwa Ihre Eltern – das für Sie als richtig erachtet haben, Sie aber heute erkennen, dass Sie viel lieber mit Tieren statt mit Menschen zu tun haben und von der Arbeit auf einem Öko-Bauernhof träumen, dann sollten Sie dem nachgeben. Das Gleiche gilt, wenn Sie von Ihrem Vater als Kämpfer eingeschätzt wurden und so in einer beruflichen Führungsposition gelandet sind, die Ihnen aber im Grunde widerstrebt; viel lieber würden Sie ohne die tägliche Auseinandersetzung leben, anstatt ständig an der Front die Firmenpolitik zu verteidigen. Denn auch, wenn Sie jetzt vielleicht meinen, Sie seien bereits zu alt dazu, oder wenn Sie denken, erst müsse noch das Haus abbezahlt werden oder die Kinder müssten erst erwachsen sein – seien Sie versichert: Es geht. Der richtige Zeitpunkt ist jetzt oder nie. Gerade auf dem beruflichen Sektor ist meist viel mehr Veränderung möglich, als wir im ersten Moment meinen.

Wenn Sie wirklich möchten, findet sich ein Weg – auch wenn wir in Zeiten leben, in denen viele Firmen von der Pleite bedroht sind und allerorten Stellen abgebaut werden. Dass Sie sich dabei auf kein einfaches Unterfangen einlassen, ist klar. So manche Hürde ist dabei zu nehmen. Doch ein Neubeginn, der Ihnen zu mehr Zufriedenheit verhilft, ist die Anstrengung wert. Manchmal lässt sich schon durch eine Veränderung im selben Unternehmen viel erreichen – vielleicht können Sie in eine neue Abteilung wechseln oder eine andere Aufgabe wahrnehmen, die interessante Perspektiven und Möglichkeiten birgt und Lust und Freude an der Arbeit zurückbringt.

Bevor Sie diesen Schritt wagen, sollten Sie jedoch genau wissen, wie die Botschaft aussieht, die Ihnen Unzufriedenheit im Beruf oder auch im Privatleben beschert. Den ersten Hinweis gibt oft ein gewisses Unwohlsein, ein undefinierbares Gefühl, dass etwas nicht stimmt oder nicht mehr stimmt, was früher in Ordnung war und daher nicht auffällig wurde. Denn es ist normal, dass eine bestimmte Botschaft eine Zeit lang sinnvoll und hilfreich ist oder war. Aber da unser Leben einem ständigen Wandel unterzogen ist, dürfen wir es nicht versäumen, die Programme hin und wieder zu überprüfen. Gegebenenfalls müssen wir sie dem anpassen, was wir heute sind und was wir morgen gern leben möchten. Sonst können sie irgendwann eine zerstörerische Kraft entwickeln.

Gerade die vermeintlich positiven Botschaften sind nur so lange positiv, wie sie uns zu einem positiven Selbstverständnis verhelfen. Das kann in Kindheit und Jugend so gewesen sein, vielleicht sogar auch noch Jahre später oder gar noch vor zwei, drei Jahren. Spüren wir jedoch heute, an diesem Tag, dass die Programme, nach denen wir bisher lebten, nicht mehr funktionieren, weil sie uns immer häufiger unzufrieden machen, so haben wir sie enttarnt. Anders ausgedrückt: Die Botschaften, die das Programm unseres Lebens darstellten, waren nur so lange positiv für uns, wie wir dem gefolgt sind, was andere Menschen uns eingeredet haben – was andere sich dachten, wie wir sind oder was gut für uns wäre.

Jetzt aber, da Sie selbst erspüren können, was gut und was schlecht für Sie ist, sind Sie auch in der Lage, die positiven Aussagen von früher und von anderen zu durchschauen. Sie können Folgendes prüfen: Unter welchen Voraussetzungen hat die Botschaft vielleicht sogar einmal sehr gut funktioniert für mich? In welcher Zeit war die daraus entstandene Selbstbotschaft für mein Leben sogar überlebenswichtig? Und wann fing es an, dass das, was angeblich positiv gemeint war, für mich zu einer Unzufriedenheitsbotschaft wurde, weil sie mehr dem Zweck und der Einschätzung anderer diente als mir selbst?

Haben Sie erst einmal herausgefunden, welche vermeintlich positiven Botschaften Ihnen im Kopf herumschwirren und Sie bremsen oder in die falsche Richtung treiben, dann sind Sie schon einen gewaltigen Schritt vorangekommen. Der nächste besteht dann darin, die negativen Botschaften zu untersuchen, mit denen Sie irgendwann einmal bedacht wurden. Hier ist oft schon allein vom Wortlaut her sofort erkennbar, wie diese einst erlebt wurden und wie es sich heute verhält.

Negative Lebensbotschaften aufspüren

»Du Niete, wenn man sich auf dich verlässt, ist man verlassen«, »Du Trottel, ständig muss ich dir alles hinterhertragen – wo hast du eigentlich deinen Kopf«, »Du Versager, erst versprichst du mir das Blaue vom Himmel herunter, und dann lässt du mich einfach sitzen«. Was klingt wie die Szenen in einer Ehe oder das Ende einer Freundschaft, ist normaler Alltag. Menschen sind verärgert und frustriert über das Verhalten eines anderen und machen ihm deshalb Vorhaltungen. Die Worte, die dabei fallen, sind zwar nicht gerade freundlich, verhallen aber schnell. Denn wenn ein Mann einer Frau eine Szene macht, weil sie ihn gekränkt hat, oder eine Frau ihrem Mann, weil er sie wieder einmal versetzt hat – dann sind das spontane Kränkungsreaktionen, mit denen man sich Luft macht. Davon bleibt im Allgemeinen kaum etwas zurück. Irgendwann kann man die Beweggründe des anderen nachvollziehen und verzeiht ihm.

Anders liegt der Fall, wenn wir mit solchen Worten aufgewachsen sind. Weil herabsetzende Ausdrücke wie »Niete«, »Trottel« oder »Versager« mit Vorliebe schon an Kinder und Jugendliche ausgeteilt werden, startete die Bundesregierung im Jahre 2001 eine Plakataktion mit der Schlagzeile: »Worte können Kinder schlagen. Die Worte vergehen, der Schmerz bleibt«.

Kampagnen wie diese wollen darüber aufklären, dass Erwachsene mit herabsetzenden Bezeichnungen vorsichtiger umgehen sollten. Denn allzu oft entmutigen sie Heranwachsende, und das hält manchmal ein Leben lang an. Solche Bemerkungen können mit dazu beitragen, dass ein Mensch sich nichts zutraut. Sie verhindern ein gesundes

Selbstbewusstsein und Selbstwertgefühl und untergraben jeglichen Optimismus.

Beschäftigen wir uns im Folgenden damit, was wir in Kindheit und Jugend selbst an schmerzenden Worten erfahren haben. Mag sein, dass es dazu wenig zu vermelden gibt, weil solche Worte nur kleine Kratzer bei uns hinterließen, die kaum der Rede wert sind. Vielleicht sind aber auch Verletzungen dabei entstanden, die einige Zeit brauchten, um zu verheilen. Und vielleicht gibt es ja sogar Wunden, die immer wieder aufbrechen, je nachdem, was uns im Leben widerfährt. Wie geringfügig oder tief sitzend dies auch heute für uns sein mag – kommen wir den negativen Botschaften auf die Spur. Sobald wir sie ausfindig gemacht haben, können wir versuchen, diejenigen Botschaften umzuwandeln, die uns heute noch Schmerz bereiten. Denn wenn wir sie im Kopf verändern können, ändert sich auch unser Fühlen und Verhalten.

Auf den ersten Blick mag es Ihnen vielleicht so erscheinen, als seien solche eindeutig negativen Botschaften viel einfacher auszumachen als die zuvor besprochenen vermeintlich positiven. Denn diese klingen ja nicht wie eine Beschimpfung, sondern sind mit angenehm klingenden Worten gut getarnt. Doch muss ich Sie da enttäuschen. Auch eindeutige Missachtungen und Demütigungen sind häufig so tief in unser Bewusstsein gedrungen, dass wir uns schwer damit tun, sie ausfindig zu machen. Wir haben sie zwar vergessen – trotzdem sind sie noch da. Sie kennen das: Alles, was wir nicht verarbeiten können, verdrängen wir. Und was wir verdrängt haben, ist nicht weg, sondern beeinflusst von verborgener Stelle aus unser Denken, Fühlen und Handeln.

Ich habe daher nachfolgend die gebräuchlichsten Formen von negativen Lebensbotschaften für Sie erfasst. Sie reichen von üblichen Abwertungen bis hin zu typischen »Bremsersätzen« oder »Du-nicht-Prophezeiungen«. Schauen Sie nach, ob Ihnen das eine oder andere bekannt vorkommt. Vielleicht sind negative Zuweisungen dabei, die noch heute eine Last für Sie sind. Diese Last hat von damals bis heute überlebt. Fangen Sie an, sie abzuwerfen.

Lösen Sie die Abwertung und Herabsetzung auf

»Hohlkopf – Null-Checker – nervöses Äffchen – schielender Gnom – Stöpsel – Schlampe – Fettwanst – faule Sau – Alien«. Egal, ob derb oder verniedlichend, plump oder scheinbar einfallsreich, Abwertungen degradieren uns und versehen uns mit einem Etikett, das – wenn wir schon als Kind damit bezeichnet wurden – oft nur mit Mühe wieder abzulösen ist.

Gehen Sie doch einmal auf einen Spiel- oder Sportplatz, und hören Sie zu, was manche Eltern und Trainer ihren Schützlingen alles so zurufen, ohne nachzudenken. Das reicht von: »Ich hab dir doch gesagt, du sollst aufpassen, du Schaf« bis »Vorwärts, Dickerchen« und »Na typisch, da ist mal wieder unser Blindfisch am Ball gewesen«. Die Kinder untereinander gehen auch nicht zimperlich miteinander um – im Gegenteil: Abwertende Begriffe haben meist einen besonderen Reiz für sie, sie werden sofort aufgeschnappt, gespeichert und weitergegeben.

Hinzu kommt, dass jedem verächtlichen Begriff, sei er von einem Erwachsenen oder einem Gleichaltrigen geäußert, mit einem entsprechenden Tonfall, Mimik und Gestik Nachdruck verliehen wird. Das verstärkt die Negativbotschaft, die Abwertung noch. Denn Abwertung heißt immer auch: »Du bist nichts wert.« Wird das auch noch deutlich gezeigt und von einer abfälligen oder angewiderten Miene begleitet, kann daraus eine schwere Hypothek werden, die einen Menschen ein Leben lang verunsichern kann.

Um solche Hypotheken wieder abzutragen, reagieren manche Betroffenen mit Trotz. Nicht selten sind sie dann ein Leben lang bestrebt, zu beweisen, dass sie ja doch etwas wert sind, und wachsen dabei mitunter über sich selbst hinaus. Wieder andere geraten durch ein einschneidendes Erlebnis an einen Punkt, an dem sie für sich selbst ein Programm finden, wie sie den Stempel wieder loswerden können, der ihnen in der Vergangenheit aufgedrückt wurde. Heike weiß davon zu berichten.

»Ich konnte noch nie gut laufen. Schon mein Vater hat immer gesagt, ich sei eine lahme Ente«, erzählt sie. »Das übertrug sich dann auf alles, was mit Bewegung zu tun hatte, vor allem auf den Sportunterricht am Gymnasium. Kaum dass ich 50 Meter laufen sollte, hatte ich das Gefühl von Blei in den Beinen. So dachte ich: Mein Vater hat recht – das ist eine körperliche Schwäche, gegen die ich nichts machen kann.«

Nach der Schule absolviert Heike eine Ausbildung zur Bankkauffrau. Sie sitzt den ganzen Tag am Schreibtisch. »Jede Art von sportlicher Bewegung hat für mich einen unangenehmen Beigeschmack, am schlimmsten finde ich diese amerikanischen Sachen: Bodybuilding,

Aerobic, Jogging und so.« Ihr Interesse gilt anderen Dingen. Sie liest viel, nascht dabei gern und geht oft gut essen. So wird sie immer molliger, schließlich ist sie dick. Ende 30 stellt der Arzt bei einer Rundum-Gesundheitsvorsorge fest: zu hohe Blutfettwerte und eine zu schwache Muskulatur. Er rät ihr, abzunehmen und Ausdauersport zu machen, Jogging zum Beispiel. »Ach wissen Sie«, erklärt Heike, »ich kann nicht gut laufen. Schon mein Vater hat immer zu mir gesagt, ich sei eine lahme Ente.«

Ein halbes Jahr später hat Heike einen Hexenschuss und wird ihre Rückenschmerzen trotz Spritzen und Massagen nicht los. Der Arzt warnt vor einem drohenden Bandscheibenvorfall. Das Wort »Bandscheibenvorfall« elektrisiert sie: Eine Freundin litt darunter und musste sich einer riskanten Operation unterziehen.

Durch diesen Schock aufgerüttelt, folgt sie den Anweisungen ihres Arztes, versteht auf einmal den Zusammenhang zwischen schwacher Rückenmuskulatur und Schmerzen und wagt sich mutig zur Krankengymnastik.

Nach einigen Wochen spürt Heike den Erfolg der Übungen. Die Krankengymnastin kann sie sogar von einem Probetraining in einem Frauen-Fitnessstudio überzeugen. Heike ist überrascht, wie viele Frauen, auch übergewichtige, dort Gewichte stemmen.

Eine Trainerin arbeitet ein Rücken-Trainingsprogramm für sie aus, und Heike geht fortan mindestens zweimal die Woche in das Studio. Allmählich steigert sie die Gewichte und spürt, wie ihr Körper sich strafft. Eine besondere Genugtuung ist es ihr, wenn sie an ein

Gerät kommt, an dem ihre Vorgängerin weniger Gewichte als sie aufgelegt hatte: »Bin ich wohl doch nicht die lahmste Ente«, fährt es ihr dann stolz durch den Kopf.

Irgendwann entdeckt sie am schwarzen Brett eine Notiz: »Auf zur Speck-weg-Aktion«. Sie lässt sich vom Sinn des Fahrradtrainings begeistern und beginnt, ihre Pfunde wegzustrampeln. Nur um das Laufband macht sie weiterhin einen großen Bogen: Die »lahme Ente« sitzt immer noch tief. Doch als sie erfährt, dass Walking fast nichts anderes ist als strammes Spazierengehen, gehört sie fortan auch zu den regelmäßigen Walkerinnen. Ihr Rücken macht längst keine Probleme mehr, sie nimmt langsam, aber sicher ab und bekommt immer mehr Spaß an allen Arten von körperlicher Aktivität. »Es ist manchmal so, als hätte ich dadurch ein ganz neues Ich bekommen«, sagt sie. Die alte Abwertung hat an Bedeutung verloren. Die neue Lektion fürs Leben heißt: »Ich bin besser, als ich dachte.«

Sind auch Sie früher mit solchen eher harmlos erscheinenden Namen wie »lahme Ente« oder Ähnlichem bedacht worden? Wie ist es Ihnen damit ergangen? Hat es Sie nicht weiter berührt? Oder hat es Sie getroffen und ist haften geblieben? Haben Sie ähnlich wie Heike irgendwann ein Schlüsselerlebnis gehabt, das Ihnen half, sich von dem alten Selbstbild zu verabschieden und ein neues zu erringen? Heikes altes Selbstbild war: »Ich bin unbeweglich und kann nicht gut laufen«, doch sie hat es entlarvt und geändert. Wenn Sie das Gefühl haben, manches von dem, was Ihnen heute zu schaffen macht – wie etwa ein mangelndes Selbstbewusstsein –, könnte eine solche Abwertung aus Ihrer Kindheit als Auslöser haben, dann nehmen Sie sich doch einmal einen Moment Zeit. Legen Sie dazu das Buch zur Seite, schauen Sie aus dem Fenster oder machen Sie einen kleinen Spaziergang und hören Sie den Bezugspersonen aus Ihrer Kindheit (auch den Lehrern) genau zu. Was sagten sie zu Ihnen, wie wurden Sie von ihnen bezeichnet?

Sprechen Sie ruhig auch mit Verwandten und Schulkameraden, falls möglich. Aber mit Bedacht: Denn machen Sie sich bewusst, dass jeder Mensch aus Ihrer Kindheit und Jugend – auch der Vater, die Mutter, die Schwester, der Bruder – die Herabsetzung mitgeprägt haben kann. Denn neben einem Tore schießenden Bruder wird man leicht zum kleinen »Tollpatsch«, den man auf dem Fußballplatz (und im Leben) höchstens als Eckfähnchen gebrauchen kann. An der Seite einer gut aussehenden Freundin, die ständig neue Jungenbekanntschaften macht, wird man leicht zum »Mauerblümchen«, das nie einen Mann abkriegt – denkt man. Also: Auch die Geschwister und Freunde haben Ihnen möglicherweise (Ab-)Wertungen zugeschoben, ohne dass es ihnen bewusst war. Denn wäre es ihnen bewusst gewesen – das gilt sicherlich auch für Heikes Vater –, hätten sie es gewiss nicht getan. Davon dürfen wir ausgehen:

Die meisten Herabsetzungen und Sticheleien seitens der Menschen, mit denen wir aufgewachsen sind, wurden aus purer Gedankenlosigkeit geäußert. Dass wir das manchmal für lange Zeit als Kränkung mit uns herumschleppen, darüber denkt niemand nach. Wüssten die Menschen aus unserem Umfeld um die Folgen, würden sie entsprechende Äußerungen unterlassen. Das jedenfalls ergeben die meisten klärenden Gespräche unter Geschwistern oder zwischen den erwachsen gewordenen Kindern und ihren Eltern und Verwandten – wenn sie denn eines Tages geführt werden. Fragen Sie sich selbst: Haben Sie darüber nachgedacht, was das auslösen könnte, wenn Sie Ihre kleine Schwester, den kleinen Bruder oder eine Schulfreundin oder Schulkameraden manchmal aufgezogen oder ein bisschen gehänselt haben? Sehen Sie!

Ob Verspotten, Verhöhnen oder »harmloses« Hänseln – sehen Sie sich diejenigen genau an, die Ihnen damit weh getan haben und betrachten Sie sie mit Milde. Denn auch wir selbst sind nicht über jeden Zweifel erhaben und werfen manchmal den ersten Stein. Dann versuchen Sie sich an die Worte zu erinnern, mit denen Sie damals bedacht wurden. Am besten schreiben Sie alle auf einen Zettel, denn im nächsten Kapitel, dem Übungskapitel, werden wir sie mit einem einfachen Kniff unschädlich machen – zumindest aber ihrer Magie berauben.

Verniedlichungen sind mit Vorsicht zu genießen

Ebenso kritisch wie verletzende oder kränkende Bezeichnungen sollten Sie auch einmal verniedlichende Kosenamen unter die Lupe nehmen: Waren Sie »mein Herzilein«, »mein Püppchen«, »unser Trinchen« (eigentlich Katharina), »mein Jungchen«? Ein Kindchen, Mobbilein, Mausilein, Hase, Zwerglein? Bis ins Erwachsenenalter sprechen Eltern ihre Töchter und Söhne noch gerne mit solchen verniedlichenden Begriffen an.

Damit wir uns nicht missverstehen: Es geht in keiner Weise darum, familieninterne Kosenamen schlechtzureden. Denn es ist etwas sehr Schönes und zeugt von Warmherzigkeit, seinen Lieben ganz spezielle, eigens für sie gefundene zärtliche Bezeichnungen zu verleihen. Dasselbe gilt, wenn wir uns als Erwachsene liebevolle Namen geben wie »Schätzchen« oder »Teddybär«. Das ist nicht das Thema.

Die Rede ist nach wie vor nur von den lächerlich machenden und die Persönlichkeit herabsetzenden Formen. Wenn aus einer Katharina eine »Kathi« wird oder aus einem Nikolaus ein »Nick«, dann sind das schlicht flotte Abkürzungen. Wenn aber nur noch mit leiernder Stimme »Trinchen« gerufen wird und unterschwellig eine »Transuse« mitschwingt, kann das Spuren hinterlassen. Es lässt auch tief blicken, wenn der 40-jährige Familienvater von seinen Eltern immer noch mit »Bübilein« angesprochen wird. Manchmal übertragen sich solche »Kosenamen« sogar von den Eltern auf die Ehepartner – ein fast schon klassischer Fall von sich selbst erfüllender Lebensbotschaft: Der Sohn wurde von der Mutter immer klein gehalten und sucht sich schließlich eine Frau, die ihn ebenso nicht für voll nimmt. »Mein großer Bua« (Mein großer Junge) nennt eine Frau aus München ihren Ehemann, und genau so behandelt sie ihn auch: Obwohl er nach einer respektablen Karriere gutes Geld verdient, verwaltet die Ehefrau selbstherrlich die Finanzen, entscheidet über alle Anschaffungen von der Marke des Papiertaschentuchs über sämtliche Kleidungsstücke bis hin zum Urlaubsort und Standard des Hotels.

Das Heimtückische an Verkleinerungen wie »Bua« oder

»Herzerl« ist ihre scheinbar niedliche Form: Sie wirken so lieb, so nett, dass man sich als Kind und auch als Erwachsener kaum dagegen wehren kann. So wird die Rolle vom kleinen Kind verinnerlicht, das zwar nett und niedlich ist, aber nichts wirklich Wichtiges leistet. Eigentlich, macht uns dieser Titel glauben, hat man noch gar nichts zu sagen, sondern muss immer schön brav sein.

Ich möchte noch einmal betonen, dass gegen zärtliche Kosenamen nichts einzuwenden ist. Zur rechten Zeit und im richtigen Kontext sind sie liebenswürdig und durchweg positiv zu sehen. Jedoch kommt es immer auf die Haltung an, die dahinter steht, und darauf welche Auswirkungen diese Haltung auf uns hat.

Wenn wir aufgrund eines Kosenamens aus früheren Tagen so weit kommen, dass wir uns im Leben nicht sonderlich viel zutrauen, so braucht es schon ein bisschen Glück, um wieder zu dem zurückzufinden, was wir wirklich sind. Sehen wir uns den Fall von Marie an:

Marie war ein zierliches, weißblondes Mädchen. Zunächst entwickelte sie sich überdurchschnittlich schnell: Sie war aufgeweckt, blickte frech in die Welt, war auf alles neugierig und lachte viel.

Doch weil sie körperlich so klein und zart war und dadurch manchmal etwas unbeholfen schien, wurde sie von den Eltern »unser kleines Dummerchen« genannt. Die Eltern selbst, sehr vorsichtige und manchmal auch übervorsichtige Menschen, wollen ihre zarte Marie vor jedem Sturz und blauen Flecken bewahren. In ihrem Übereifer sind sie ständig um Marie herum, ein schmutziges Händchen wird sofort abgewischt, wenn ein Ball liegen bleibt, muss er sofort aufgehoben werden (»... es könnte ja jemand darüberfallen«), und alles, was Marie wie alle Kinder so anstellt, um die Welt zu erfahren, wird gleich kommentiert oder einfach ohne Worte korrigiert.

Der Kosename »Dummerchen« etabliert sich. Mit dem Kind wird eine Sprache gesprochen, die das aufgeweckte Mädchen unterfordert. So wird aus dem Auto das »Tüt-tüt«, aus einem Hund ein »Wau-wau« und aus einer Sonnenblume eine »Hatschi-Blume«. Und wenn die wissbegierige Marie mit ihren ständigen Fragen die Eltern nervt, dann heißt es schnell: »Das tut unser Dummerchen noch nicht verstehen.« So vergehen die ersten Jahre.

Es kommt zur Einschulung. Marie ist die Kleinste in der Klasse. Zwar liest sie ein wenig stockend und weiß auf Fragen der Lehrerin oft keine Antwort, weil sie das, wonach gefragt wurde, noch nicht kennt. Doch löst sie Rechenaufgaben mit leichter Hand, kann gut schreiben und erledigt ihre Hausaufgaben stets richtig und ordentlich. Die Eltern wälzen Bedenken und stecken Marie, »nur um rechtzeitig vorzubeugen«, in eine Lese-Fördergruppe. Doch bleibt sie dort nicht lange, denn die Förder-Pädagogin stellt fest: »Das Kind kann doch alles.« Es kristallisiert sich sogar heraus: Marie ist in vielerlei Hinsicht intelligenter und talentierter als die Mitschülerinnen, sie versagt nur dann, wenn sie die Leistung mündlich vor anderen, im schlimmsten Fall an der Tafel abliefern soll. »Bist halt mein kleines Dummerchen, ist ja auch nicht so wichtig, der Papa mag dich trotzdem«, tröstet dann zu Hause oft der Vater.

Nach Abschluss der Schule wird Marie Buchhalterin. Ihre Vorgesetzten schätzen sie und befördern sie zur Abteilungsleiterin.

Oft tragen Kollegen und Chefs den Vorschlag an sie heran, ob sie nicht berufsbegleitend studieren wolle. Doch mit: »Nein, das kann ich nicht. Ich war schon in der Schule nicht gut«, weist Marie dies jedes Mal zurück. Aus dieser Selbsteinschätzung heraus macht sie um Herausforderungen stets einen Bogen – sie bevorzugt den Spatz in der Hand, weil ihr die Taube auf dem Dach unerreichbar erscheint. Zwar spürt sie immer wieder, dass sie in einigen Bereichen viel fähiger ist als die zuständigen Kollegen – doch beachtet sie dieses Gefühl nicht weiter. Immer öfter fühlt sie sich jedoch unterfordert und langweilt sich in ihrem Job.

Zur Wende kommt es erst, als ihr Vorgesetzter sie eines Tages fast gegen ihren Willen in ein Projektteam hineinholt. Zwar wagt sie es immer noch nicht, sich Hoffnungen auf eine Weiterentwicklung für sich selber zu machen, doch gefällt ihr diese neue Tätigkeit ausnehmend gut. Die Arbeit fällt ihr wider Erwarten leicht. Trotzdem lehnt sie die Verantwortung für ein weiteres Projekt ab mit dem üblichen: »Dafür bin ich nicht geschaffen.«

Maries Glück ist die Hartnäckigkeit des Projektleiters. Er hat erkannt, dass Marie immer dann einen Rückzieher macht, wenn sie sich vorne hinstellen und etwas präsentieren soll. So sorgt er wiederum mit ein wenig Zwang dafür, dass sie an Seminaren teilnimmt. Dort begreift Marie, wo ihr Schwachpunkt liegt. Ihr Schlüsselerlebnis ist eines Sonntags der kopfschütteln-

de Vater am Kaffeetisch: »Da will unser kleines Dummerchen also Chefin werden. Wenn das nur man gut geht.« Entschlossen antwortet sie mit für sie ungewohnten Sätzen, die sie im Seminar gelernt hat und die seither zu ihrem Wortschatz gehören: »Ich will das. Ich kann das.« Und so kommt es auch: Marie nimmt endgültig Abschied vom »Dummerchen«. Sie macht Kurse in Rhetorik und Präsentation und beginnt im Alter von 40 Jahren ein berufsbegleitendes Betriebswirtschaftsstudium – diesmal jedoch mit der inneren Einstellung: »Mal sehen, was draus wird« und »Ende offen«.

Ist Ihnen Ähnliches widerfahren? Mussten Sie auch schon zu Ihrem Glück gezwungen werden, weil Sie zuvor keine gute Meinung von sich hatten – sich selbst als zu gering einschätzten? Oder wünschen Sie sich manchmal, ein edler Ritter würde kommen und auch Sie zu einem derartigen Glück zwingen?

Ob Sie noch Ihr Abitur nachmachen oder Gasthörer an der Universität in Philosophie, Psychologie oder irgendeinem anderen Fach werden möchten, das Sie schon immer gereizt hat – denken Sie einmal ernsthaft darüber nach. Ersparen Sie sich die Stunden voller Zweifel und Unzufriedenheit, in denen Sie sich möglicherweise ähnlich wie Marie als »niedliches kleines Ding« betrachten, aber eben auch als nicht mehr. Oder als »braves Bübchen«, das riskanten Herausforderungen immer aus dem Weg geht – weil man dies dem »braven Bübchen« früh so eingeimpft hat und die Stimme von Mama, Papa oder den Großeltern immer noch im Ohr klingt und zu uns spricht. Machen Sie sich klar: das ist nicht Ihre Stimme. Ihre Stimme müssen Sie selbst finden. Haben Sie sie noch nicht gefunden – dann wird es Zeit. Schaffen Sie sich ein neues Selbstverständnis. Resignation ist hier fehl am Platz. Sich zu verändern ist möglich. Denn auch wenn Sie längst in gefestigten Verhältnissen leben – irgendwas geht immer. Zu spät ist es nie. Denken Sie also über den Sinn und Gehalt von in der Kindheit und Jugend erfahrenen Verniedlichungsbotschaften nach, sofern sie Ihnen noch präsent sind. Und: Machen Sie sich nicht klein, bloß weil andere Sie klein gemacht haben.

Lassen Sie sich von Bremsersätzen nicht aufhalten

Nicht anders verhält es sich mit Äußerungen, die unseren Elan drosseln. Es gibt eine ganze Familie davon. Die häufigsten drei – »Das ist nichts für dich«, »Das kannst du nicht«, »Das schaffst du nicht« – hat jeder schon gehört. In der Regel nehmen wir derlei Botschaften nicht allzu ernst. Werden sie aber von Personen geäußert, denen wir Respekt entgegenbringen und die Autorität haben, kann es geschehen, dass kluge Menschen sich dadurch einschränken lassen. Betrachten wir den Fall von John.

»Als Sohn eines amerikanischen Vaters und einer deutschen Mutter bin ich zweisprachig aufgewachsen. Zuerst ging ich in Amerika zur Schule, dann bin ich mit meinen Eltern nach Deutschland umgezogen. Da meine Mutter mir immer die deutsche Sprache und Literatur besonders ans Herz gelegt und mit mir viel gelesen hat, beschäftigte ich mich gerne mit dieser Sprache und

konnte mich sogar gewählter und eloquenter ausdrücken als manche Mitschüler, die hier aufgewachsen waren. Kurz vor dem Abitur war ich im Deutsch-Leistungskurs der Beste und hatte ein ziemlich gutes Selbstbewusstsein.

Ich mochte den Deutschlehrer sehr und war mir ganz sicher, dass er viel von mir hält. Eines Tages fragte er uns: ›Was wollt ihr denn studieren?‹ Mir war völlig klar: Ich studiere Germanistik und Philosophie. Daraufhin sagte er: ›Wie soll das denn gehen. Du kannst doch nicht Germanistik studieren, du bist doch viel zu sehr in der amerikanischen Denkweise verwurzelt.‹

Ich war sehr schockiert und konnte es nicht fassen. Dieser Lehrer, den ich so mochte und in dessen Fach ich ja auch wirklich gute Leistungen brachte, der stürzte mich nun in einen Konflikt. Ich focht mit mir richtige Kämpfe aus, weil ich mir ja eigentlich sicher und in Deutsch sehr gut war. Auch meine Eltern haben mich darin immer wieder positiv bestätigt. Trotzdem dachte ich, wenn ausgerechnet dieser Lehrer, den ich so sehr schätzte, meinte, das wäre nicht das Richtige, dann musste es ja auch stimmen. Letztlich habe ich auf seine Meinung von mir und nicht auf meine eigene vertraut. Ich habe ein anderes Studienfach gewählt, weil ich mir Germanistik nicht mehr zutraute.

Damals ist etwas Einschneidendes mit mir passiert. Mein Selbstbewusstsein war plötzlich angekratzt. Das hat mich bis ins Berufsleben hinein verfolgt. Und manchmal gibt es heute noch Situationen, die mich völlig aus dem Konzept bringen: etwa, wenn ich mit Menschen zu tun habe, die sich scheinbar besser ausdrücken können oder intellektueller wirken. Dann kostet es mich unendlich viel Kraft, natürlich zu bleiben. Manchmal beginne ich sogar zu stottern, weil ich sofort wieder auf diese Schiene komme: ›Du bist doch in Amerika groß geworden – also weißt du hier ja auch nicht so ganz genau Bescheid.‹ Auf diese Weise bin ich auch zurückhaltender geworden. Meine Frau sagt immer: ›Warum lässt du dir eigentlich immer was erzählen, du weißt es doch viel besser.‹

Natürlich habe ich auch Strategien entwickelt, wie ich damit umgehe, wenn ich meine, ein Gesprächspartner sei mir überlegen. Wobei das wirklich immer ein Kampf ist. Ich sage mir dann jedes Mal: o.k., ich bin vielleicht nicht so gut in der Theorie, dafür eben supergut in der Praxis. Das ist mein Ansatz, mich selbst zu ermuntern: ›Du bist genauso gut wie der andere.‹«

»Du-nicht-Sätze« halten uns ein Stoppschild vor die Nase und drosseln unseren Elan. Lassen wir uns davon beeindrucken, beschränken wir uns selbst. Wir halten an und begeben uns in eine Art Warteposition.

Viele Menschen, die sich von anderen haben bremsen lassen, befinden sich in dieser Warteposition, vielleicht ja auch Sie. Sie sind einst losgezogen, Ihr Selbstbewusstsein war gut, und dann hat Sie die Äußerung eines anderen, dessen Meinung Ihnen wichtig war, verunsichert. Seither warten Sie darauf, dass wieder jemand kommt und die ausbremsende Botschaft aufhebt – damit Sie einen neuen Anlauf unternehmen dürfen.

Ich glaube, auf diese Weise sind schon viele Talente verschüttet, Freundschaften entzweit und Beziehungen unterminiert worden. Jedes Mal stand am Anfang ein unbedachter Satz, die sperrende Negativbotschaft eines anderen. Und jedes Mal war es ein Generalangriff auf das, wovon wir zuvor fest überzeugt waren. Kurz: Man hat uns dringend von etwas abgeraten, uns eine Sache madig gemacht, ein- oder ausgeredet. Und ein zuvor ziemlich sicheres Bild begann zu wackeln – das auf uns übertragene Negativbild eines anderen ergriff von uns Besitz.

Oft übersehen wir, dass wir alle alt genug sind, um uns von solchen Bildern wieder zu befreien. Denn Erwachsensein heißt auch, uns von den Meinungen anderer frei zu machen und uns nicht daran zu halten, was sie – ohne groß zu überlegen – auf uns projizieren. Ansonsten ist das, was sie uns sagen, wie eine sich selbst erfüllende Prophezeiung: Sie denken für uns, was sein wird, und wir gehen hin und bestätigen es durch unser Handeln.

Gebremste Menschen warten unter Umständen ein Leben lang und wundern sich, warum nichts passiert – weshalb niemand kommt, der Ihnen neuen Antrieb gibt. Auf diese Weise rosten Stärken und Talente ein und sind manchmal auch nicht mehr in Schwung zu bringen.

Lassen Sie es nicht so weit kommen. Denn auch hier gibt es die gute Nachricht: Sie können Ihre Lebensbotschaft jeden Tag neu bestimmen.

Warten wir deshalb nicht länger wie die kleinen Kinder bei der Kaffeeklatschrunde der Großtanten darauf, dass jemand kommt und uns erlaubt: »So, nun dürft ihr wieder aufstehen und spielen gehen.« Bestimmen wir selbst, wann wir fortfahren wollen, leben wir jetzt ein Leben entsprechend unseren Träumen, Talenten und Möglichkeiten. Und versuchen wir diese ins Ohr geflüsterten Bremsersätze loszuwerden.

Nun ist es zweifelsohne oftmals so, dass diese festsitzen wie im Beispiel von John und man sich ihnen längst gebeugt und sein Leben danach ausgerichtet hat. Trotzdem sollte man es dabei nicht belassen. Denn was verschüttet ist, kann ausgegraben werden. Was uns falsch eingeredet wurde, kann berichtigt werden. Jede negative Botschaft, bestehend aus Worten wie: »Das kannst du nicht«, können wir umformulieren, uns eine neue, positive antrainieren und unser Leben damit renovieren. Welche einfache mentale Technik dabei recht gut greifen kann – davon mehr im nächsten, im Übungskapitel.

Was jetzt ansteht: Prüfen Sie sich noch einmal selbst. Schauen Sie genau nach, ob auch Sie mit Botschaften aufgewachsen sind, die ähnlich ausgerichtet waren wie: »Du verstehst das nicht. Du kannst das nicht. Du bist nicht klug genug dafür, nicht schön, nicht was auch immer.« Wenn Sie sagen: »Ja, da war so einiges aus dieser Richtung« – dann schreiben Sie es auf. Kreuzen Sie die Botschaft an, die Ihnen am meisten den Elan genommen hat. Und überlegen Sie außerdem, durch welche Bremsersätze Sie möglicherweise von Vorhaben abgebracht wurden, die Ihnen lieb und teuer waren – vielleicht ja immer noch sehr wichtig sind.

Sollten Sie diesen Vorhaben, die einst durch die Äußerung eines »Bremsers« gestoppt wurden, heute noch nachtrauern, so machen Sie sich noch an diesem Tag daran, die Pläne von damals wiederzubeleben.

Denn machen Sie sich deutlich: Ob von Eltern, Freunden oder Kollegen geäußert – Bremsersätze sind immer subjektiv. Die, die sie äußern, verbinden damit zumeist einen eigenen Plan. Und nicht selten bringen sie nur ihre

Angst davor zur Sprache, wir könnten etwas tun, was sie selbst nie wagen würden. Daher sollten Sie derlei Sätze niemals übernehmen oder beibehalten, ohne sich zuvor gefragt zu haben: Fühlt sich das für mich gut an, was der andere mir rät? Entspricht mir das? Oder spüre ich da einen Widerstand in mir? Denn merken Sie, dass Sie viel Energie aufwenden müssen, um eine Aussage zu akzeptieren, so ist es in der Regel ein schlechter, ein subjektiv gefärbter Rat. Botschaften hingegen, die objektiv unserem Typ und Charakter entsprechen, fühlen sich gut an und bringen uns in Schwung.

Wenn Sie die subjektive Absicht dieser Botschaft erspürt haben, fällt es Ihnen auch leichter, die negativen Programme fortan zu entkräften, ihnen zu widersprechen, sie zu ignorieren.

Sie erkennen: Die Eltern wollten vielleicht lieber ein braves Kind statt eines, das abenteuerliche Dinge unternimmt und um das man sich Sorgen machen muss. Aus diesem Grund sagten sie uns: »Das ist nichts für dich.« Der Vorgesetzte möchte vielleicht selbst mit der Idee, die wir ihm soeben erzählt haben, beim Chef Pluspunkte sammeln und sagt daher zu uns: »Lass lieber die Finger davon, das schaffst du nicht.« Die Ehefrau oder der Ehemann hat vermutlich Angst, sein Lebenspartner hätte in Zukunft nicht mehr genug Zeit für die Familie, und rät daher mit den Worten: »Das kannst du sowieso nicht« von dem beruflichen Wechsel ab, den wir uns im Grunde so sehr wünschen.

Wägen Sie daher den subjektiven Gehalt jeder ausbremsenden Botschaft ab. Und setzen Sie bei dieser Prüfung Folgendes voraus: Bremsersätze sind zu 99 Prozent falsch. Mag sein, dass eine einzige Warnung oder Verneinung für Sie richtig ist, aber nur eine. Seien Sie daher ob des minimalen Risikos auch nicht zimperlich. Räumen Sie radikal auf. Akzeptieren sie nichts mehr, was nicht Ihrem Gefühl, Ihrem Können und Ihren spürbaren Talenten standhält. Dann können Sie die angezogene Bremse lösen und neu durchstarten.

Dem Täter auf der Spur

Wir wissen alle, dass unser Selbstverständnis zum großen Teil von den Menschen abhängt, die uns erzogen haben. Ihre Art, uns fürs Leben vorzubereiten, hat wesentlich dazu beigetragen, ob wir uns heute stark oder eher schwach fühlen. Doch wer möchte schon heute noch in seiner Erinnerung wühlen, um zu forschen, welcher Elternteil und welcher Verwandte uns in dieser Hinsicht mit schlechtem Rüstzeug bestückt hat? Vor allem, was nutzt es? Sollen wir unserer alleinerziehenden Mutter die Schuld für etwas geben, was sie gar nicht anders leisten konnte? Sollen wir etwa auf die alten Großeltern böse sein, die uns die meiste Zeit über versorgten, weil Vater oder Mutter keine Zeit hatten, und dabei manchen Erziehungsfehler machten? Sollen wir womöglich ein Leben lang auf einen Lehrer wütend sein, bloß weil dieser selbst unter Minderwertigkeitskomplexen litt und daher uns und andere Schüler »runtergemacht« hat? Ich denke: Nein. Denn das macht keinen Sinn.

Einen besseren Weg, sich von den alten unguten Botschaften zu befreien, beschreiten Sie ohne Schuldzuweisungen, ohne Wut oder Hass auf jene, die dazu beigetragen haben könnten, dass Sie sich manchmal benachteiligt fühlen. Die Erfolgsformel lautet: Schließen Sie Frieden mit dem, was war. Lösen Sie sich davon, was Menschen Ihnen vor Jahren vielleicht angetan haben. Diese wussten sicher nicht, was sie tun – wir sprachen schon darüber. Entschärfen Sie daher die Bombe, die da möglicherweise noch in Ihnen tickt. Ich verwende diesen militanten Ausdruck bewusst. Denn solange wir immer noch Wut, aufgestauten Ärger oder gar Hass in uns tragen, wenn wir an bestimmte Personen denken, schleppen wir einen gefährlichen Sprengstoff mit uns herum, der jederzeit explodieren kann.

Entschärfen Sie ihn. Dazu gehört, dass Sie einzelne Erlebnisse und Personen von früher nochmals Revue passieren lassen. Und zwar nicht, um in der Erinnerung zu wühlen, sich selbst damit Schmerz zuzufügen, alte Wunden aufzureißen und wieder zu denken, dieser oder jener trage die Schuld – nein, so nicht. Gehen Sie im Gegenteil vor wie ein Detektiv, der Indizien sammelt. Unternehmen Sie daher den Versuch, mit der eigenen Vergangenheit so umzugehen wie Sherlock Holmes mit einem Fall, den er zu lösen hat. Er bearbeitet ihn mit kühlem Verstand. Er wickelt ihn ab, ohne sich emotional darin zu verfangen, denn dann ist er befangen. Er analysiert Täter und Motiv, Anlass und Wirkung, um anschließend die Angelegenheit ein für alle Mal zu den Akten legen zu können – sich nicht mehr damit beschäftigen zu müssen.

Verstehen bringt Befreiung

Konzentrieren wir uns also einmal gezielt auf die subjektiven Beweggründe von Menschen, deren Worte oder Taten bei uns bis heute negative Spuren hinterlassen haben. Ermitteln wir als Detektiv in eigener Sache: Beleuchten wir stärker als bisher die Menschen und nicht die Worte, die möglicherweise dafür verantwortlich sind, dass wir mit einem »inneren Sprengstoff« aufgeladen leben. Und lernen wir auf diesem Weg, vorhandene negative Gefühle, die uns womöglich schon lange begleiten, zu lindern. Hier der Fall von Beatrix und ihrer Angst vor tiefem Wasser.

Als ich noch klein war, fuhren meine Eltern im Sommer mit mir oft zum Badesee. Mein Vater, der ein hervorragender Schwimmer war, verschwand dann meist für eine Stunde und schwamm hinaus.

Ich hingegen plantschte am Ufer, spielte mit Eimer und Schaufel. Meine Mutter – unweit davon auf einer Decke sitzend – beobachtete mich. Das waren immer herrlich friedliche Momente, die ich sehr auskostete. Denn sobald mein Vater von seiner Schwimmtour zurückkehrte, setzte er mich auf eine Luftmatratze und wollte mich – so sehe ich es heute – mit dem Element Wasser vertraut machen, da ich ja noch nicht schwimmen konnte.

Nur war der Weg, den er dafür gewählt hatte, das Dümmste und Falscheste, was man sich denken konnte, und er hat in mir das totale Gegenteil dessen erzeugt, was er damit erreichen wollte.

Zuerst war er lieb zu mir, setzte mich auf die Luftmatratze und schob mich mit den Worten ›Komm, wir spielen‹ hinaus aufs flache Wasser. Dann, nach einer Weile, als das Wasser tief und dunkel war und ich den hellen Sandboden des Sees nicht mehr erkennen konn-

te, tauchte er weg, und ich saß allein auf meinem wackeligen Floß und wusste mir nicht zu helfen.

Was dann kam, war immer die gleiche grauenhafte Prozedur: Zuerst weinte ich. Denn mein Vater, der mich eben noch auf diese weite Wasserfläche geschoben hatte, war plötzlich weg, wie vom See verschluckt. Meine Mutter am Ufer war ebenfalls weit weg und unerreichbar, da ich mich nicht traute, mich zu bewegen . Dann plötzlich tauchte mein Vater wieder auf – meist nicht da, wo ich ihn hatte verschwinden sehen –, erschreckte mich mit fürchterlichen Lauten, rüttelte an der wackeligen Luftmatratze, sodass ich fast ins Wasser fiel, und rief mit verstellter Stimme: ›Ich bin das böse Seeungeheuer und fresse dich auf.‹ Erlöst wurde ich meist erst, wenn meine Mutter mein Geschrei nicht mehr ertragen konnte und vom Ufer her rief, wir sollten zurückkommen und: ›Michael, lass das Mädchen doch in Ruhe.‹

Durch diese früh entstandene Angst vor dem Wasser erlernte ich erst mit dreißig Jahren das Schwimmen. Und auch heute noch gehe ich im Urlaub immer nur so weit ins Meer, wie ich den Boden sehe. Das dunkle Blau unter mir zu durchschwimmen ist eine Horrorvorstellung für mich. Dasselbe gilt auch bei Schiffsfahrten. Da werde ich zur starrsinnigen Verweigerin, wie zuletzt in der Karibik, wo die Segeltörns mit Freunden mal wieder ohne mich stattfinden mussten und ich mich dann abends in geselliger Runde jedes Mal außen vor fühlte. Die anderen hatten den Tag über auf See Spaß gehabt und ich nur eine schreckliche Angst.

Lange Zeit habe ich mich gefragt, warum ich da eigentlich so ein Problem habe. Ich habe oft mit meiner besten Freundin darüber gesprochen, die auch so eine Angsthäsin ist. Für sie ist der Film ›Der weiße Hai‹ an allem schuld. Sie sagt, seit sie ihn gesehen hat, kann sie nicht mehr ohne Angst im Meer baden. Was mich betrifft, so glaube ich fest daran: Der Auslöser für meine Angst sind die Schreckensmomente mit Vater im Badesee. Denn in mir steigen die gleichen Gefühle wie damals auf, ich muss die gleiche Panik überwinden, wenn ich heute schwimmen gehe. Und ich muss sagen, es gab Zeiten, vor allem in der Pubertät, da hasste ich meinen Vater dafür und für manch andere Angstmacherei, die er mir angetan hat. Gelegt hat sich das bei mir erst, als ich später von meiner Mutter erfuhr, dass er sich immer einen Sohn gewünscht hat, mit dem er herumtollen und genauso rau umgehen kann wie mit seinen Fußballkumpels. Das hat ihn mir wieder ein Stück näher gebracht. Als ich dann irgendwann noch erfuhr, dass er selbst mit Angst erzogen wurde, dass ihn seine Eltern im dunklen Keller eingesperrt haben, wenn er mal eine schlechte Note nach Hause brachte, sah ich ihn nicht mehr als Furcht einflößenden Vater – er tat mir leid. Seitdem ist er zwar nicht gerade mein Freund, aber längst nicht mehr mein Feind.

Falls auch Sie zu den Menschen gehören, die früher ein einschneidendes Erlebnis hatten, dessen Auswirkung Sie heute noch manchmal spüren, so tun Sie dasselbe: Gehen Sie bei der Frage nach dem Warum nicht der Schuldzuweisung nach, sondern suchen Sie die »Ent-Schuldigung«. Sammeln Sie die subjektiven Beweggründe des anderen und versuchen Sie, sie so objektiv wie möglich zu betrachten.

Wenn Sie sich an ein solches einprägsames Erlebnis erinnern, rufen Sie es sich vor Augen, auch wenn es unangenehm ist. Es kann der Schlüssel zu einer negativen Selbstbotschaft sein – zu einem Programm, das Sie schon lange mit sich herumtragen, und das Sie entkräften können. Es ist zwar nur schwer möglich, eine tief verwurzelte Angst wie etwa die vor dem tiefen Wasser bei Beatrix ganz loszuwerden – weil dabei auch das Urvertrauen zum Vater zerstört wurde. Wer sich mit einer solchen Angst plagt, wird sie also nie ganz loswerden. Doch was es auch sei – allein durch die Beschäftigung mit den Menschen, die mit einer negativen Erfahrung in Zusammenhang stehen, können Sie Verständnis für diese Menschen entwickeln. Das bringt Ihnen die anderen näher und hilft Ihnen, Ihre Selbstbotschaft zu modifizieren – das eigene Lebensprogramm auf positiven Kurs zu bringen.

Denn auch wenn es kein einzelnes, einschneidendes Erlebnis war wie etwa das Verlorengehen beim Schulausflug, sondern eher eine Wiederholung von Situationen, Worten, Gesten oder unangenehmen Stimmungen – die Quelle der Selbstbotschaft, mit der Sie heute leben, befindet sich auch hinter dem, was die anderen nach außen hin scheinen.

Stimmungen und Worte hinter den Worten

Schauen Sie sich einmal in Ihrer Verwandtschaft um: Mit wem haben Sie heute noch Kontakt und mit wem nicht? Eltern sind zweifelsohne die prägendsten Menschen der Kindheit. Wenn Sie jedoch Ihre Eltern verloren haben oder sie nur wenig Zeit für Sie hatten, dann gab es sicher auch andere Bezugspersonen in Ihrem Leben: Großeltern,

Stiefeltern, Pflegeeltern, Tanten oder Onkel. Einfluss hatten prinzipiell alle, zu denen Sie ein engeres Verhältnis hatten und denen Sie Vertrauen entgegenbrachten. Gehen Sie diese Personen durch. Versuchen Sie sich daran zu erinnern, wie der Kontakt mit ihnen war – der Gesprächskontakt und die Stimmung, die vorherrschte, wenn man zusammen war. Welche Botschaft schwang häufig mit, wenn Sie sich unterhielten – was waren die Worte hinter den Worten? War ein Ja mitunter ein Nein? Welche Botschaft hat die vorherrschende Stimmung zu Hause vermittelt? Willkommen zu sein? Aufgefangen zu werden? Oder lästig zu sein? Ständig etwas falsch zu machen, Mühe zu bereiten? Oder gerecht behandelt zu werden? War die Stimmung angenehm? Oder hatten Sie das Gefühl: »Ich muss hier weg«? Wurden Sie so akzeptiert, wie Sie waren? Oder wurden Ihnen stets andere vorgehalten, die Sie sich zum Vorbild nehmen sollten? Fühlten Sie sich innerhalb der Gemeinschaft geborgen? Oder mussten Sie sich immer irgendwie allein durchwursteln?

Möglicherweise sagen Sie ja auch: »Ich spüre genau, was es war«, aber es in Worte zu fassen fällt Ihnen schwer. Sie wissen nur: Da war vielleicht zum Beispiel ein dominanter Vater, der als Napoleon die Familie regierte und jedes Mal beim Mittagessen etwas zu tadeln und zu nörgeln hatte. Das führte oft dazu, dass Sie Ihr Essen unwillig hinuntergewürgt haben. Sie erinnern sich vielleicht daran, dass Ihre Mutter nie Zeit für Sie hatte, weil sie von Ihrem Vater geschieden war, den ganzen Tag arbeitete und abends zu müde und genervt war, um sich mit Ihnen zu beschäftigen.

Oder es fällt Ihnen Ihre erste große Liebe wieder ein,

die Sie möglicherweise nie beachtet hat, Sie vielleicht sogar vor allen lächerlich gemacht hat?

Ob geliebte Menschen oder Menschen, deren Einfluss wir uns nicht entziehen konnten – besehen Sie sie alle durch eine überdimensionale Lupe. Durchleuchten Sie ihre Hintergründe und prüfen Sie einmal nicht Ihre Gefühle, die dabei aufsteigen. Schenken Sie einmal nicht Ihrer eigenen Verletztheit oder Wut Beachtung, sondern inspizieren Sie den anderen.

Fragen Sie sich: War der andere ein glücklicher Mensch oder nicht? Hatte er oder sie die gleichen Chancen im Leben wie ich heute? War er oder sie selbst von etwas geschlagen oder gar traumatisiert? Hat er zum Beispiel den Krieg erlebt oder den Holocaust? Wurde die entsprechende Person von anderen wiederum unter Druck gesetzt – zum Beispiel von den eigenen Eltern? War der andere selbst ein ängstlicher Mensch, der seine Ängste zu verbergen versuchte, indem er als Angeber und Alleskönner auftrat? Sammeln Sie alle möglichen Indizien und Lebensumstände und versuchen Sie den anderen zu verstehen.

Denn nur was wir verstehen, verliert für uns an Schärfe und an Wichtigkeit, an Verwerflichkeit und Härte. Nur was wir durchdringen, schenkt uns Klarheit und Ruhe. Nur was wir begreifen können, so wie man eine Form mit den Händen »be-greift«, führt dazu, dass wir nachfühlen können. Was wir dagegen nicht verstehen, kann wirken, ohne entschärft zu werden. Was wir nicht durchdringen, kann dazu führen, dass wir immer wieder den gleichen Fehler machen und an derselben Stelle scheitern, ohne zu verstehen, wieso und warum. Wenn wir etwas nicht begreifen und nachvollziehen können, erwächst aus einem kleinen Schlüsselerlebnis möglicherweise eine große sich selbst erfüllende Prophezeiung. Schaffen wir es nicht, das zu verhindern, so stehen wir uns immerzu selbst im Weg und sabotieren uns.

Deshalb ist es so wichtig, dass Menschen ihre Vergangenheit kennen und verstehen. Denn das führt zur Selbsterkennung. Ziel dieser Aufarbeitung der Vergangenheit ist es nämlich, dass wir unabhängig von ihrem Einfluss werden. Ziel ist die Selbstbestimmung, die Autonomie – das bedeutet wörtlich übersetzt: »nach eigenen Gesetzen lebend«. Stellen Sie sich deshalb noch heute die zentrale Frage: »Wer ist der andere überhaupt, dass er immer noch solche Macht über mich haben kann? Ist er oder sie nicht selbst ein bedauernswertes Wesen? Bin ich selbst nicht viel, viel stärker und wissender?« Und ergänzen Sie diesen Fragenkomplex mit der ebenso zentralen Antwort: »Niemand kann mich verletzen, außer ich lasse es zu.«

Sich helfen zu lassen ist auch ein Weg

Wenn Sie die entscheidenden Erlebnisse aus Ihrem früheren Leben herausgefunden haben, verschwenden Sie am besten keinen weiteren Tag, an dem Sie sich mit negativen Gedanken herumschlagen. Es ist vorbei mit: »Warum bin ich so arm dran? Warum hatte ich nicht die richtigen Eltern? Warum hat mich mein Lehrer so falsch beraten? Warum hat mich meine große Liebe so schlecht behandelt?« Das führt nur zu einem unbefriedigenden Leben, das aus ständigem Klagen über Vergangenes besteht. Außerdem schafft es in Ihnen eine negative Einstellung, die alles durchdringt und auch jene Begebenheiten durchdringt, von denen Sie sich wünschen, dass sie positiv auf Sie zukommen.

Die Zusammenhänge in der Vergangenheit erkannt zu haben und die prägenden Menschen Ihrer persönlichen Geschichte besser zu verstehen sollten Sie als nötigen Schritt betrachten, um Ihr eigenes Lebensprogramm positiv zu verändern. Sollte es Ihnen trotz allem schwerfallen, ja unmöglich sein, diesen Akt des Verstehens zu vollziehen, ohne sich in Schmerz und Groll zu verfangen und an der Vergangenheit zu leiden, so empfehle ich Ihnen auch einmal das Gespräch mit einem qualifizierten Lebensberater oder Therapeuten. Denn es gibt Erfahrungen, die man nicht allein im inneren qualifizierten Selbstgespräch oder mithilfe eines Buches bearbeiten kann. Da benötigt man einen erfahrenen und neutralen Fachmann oder eine Fachfrau an seiner Seite, der oder die den Gefühlswirrwarr sachlich auseinander legt und so ordnet, dass man selbst wieder klarer sieht.

Die eigenen Schuldgefühle überwinden

Dasselbe gilt, wenn Sie immer wieder der Gedanke an ein Ereignis plagt, für das Sie meinen die Schuld zu tragen. Ein sehr vertrackter Fall ist der von Hardy, der sich vor Jahren mit seinem Problem an mich wandte.

Hardys Eltern hatten einen Kurzwarenladen. Wegen eines dringenden Arztbesuchs mussten sie eines Tages kurz weg und vertrauten dem Zwölfjährigen die Aufsicht über das Geschäft an: »Sicher kommt keiner. Und wenn doch – wir sind in einer halben Stunde wieder da.« Schon nach fünf Minuten steht Dr. Meinrad im Laden: »Na, Hardy, führst du heute die Geschäfte?«, fragt er den Jungen freundlich. »Wird doch nicht jemand krank sein?« – »Nein, nein, die Eltern mussten nur kurz weg. Womit kann ich Ihnen dienen?« – »Ich hatte letzte Woche bei deinem Vater etwas bestellt, aber da wirst du mir jetzt wahrscheinlich nicht helfen können.« Als er zur Tür geht, kommt der nächste Kunde, ein Freund Dr. Meinrads, den dieser nur allzu selten trifft. »Hallo, Frank, also wenn du hier etwas kaufen willst, musst du heute mit dem Junior vorliebnehmen, aber ich würde danach gern mit dir ein wenig plauschen.« Hardy nimmt die Bestellung auf, und während er die Dinge zusammensucht, vertiefen sich die beiden Herren in ein Gespräch. Frau Becker bemerken sie kaum, die inzwischen auch den Laden betreten hat und wie selbstverständlich bedient wird. Frau Becker nimmt die Kartons mit Knöpfen und Nähseide entgegen und sagt: »Na, das wird den Vater aber freuen, dass er in dir mal einen Nachfolger hat.« Danach fertigt Hardy noch zwei weitere Kunden ab. Und Dr. Meinrad bemerkt zwischendurch: »Du machst das wirklich gut – wie ein echter Profi.« Hardy freut sich über das Lob und lacht. Stolz räumt er die Ladentheke auf, während die beiden Herren immer noch im Laden stehen und sich angeregt unterhalten.

Als plötzlich die Eltern zurückkommen, erschrecken sie. Ohne zu wissen, was in ihrer Abwesenheit passiert ist, denken sie beim Anblick der beiden Männer: »Ausgerechnet Dr. Meinrad, einer unserer besten Kunden, steht im Geschäft und niemand kümmert sich um ihn.«

Dienstwillig eilt der Vater auf ihn und den anderen Kunden zu, entschuldigt sich hektisch und ausführlich dafür, dass sie mit dem »kleinen Jungen« vorliebnehmen mussten. »Kein Problem«, wendet Dr. Meinrad ein, »der ›kleine Junge‹ hat das sehr, sehr gut gemacht.« »Ja? Danke!«, antwortet Hardys Vater etwas irritiert. Mit den Worten: »Ist schon gut, Kleiner. Du kannst jetzt hochgehen«, schickt er seinen Sohn weg.

Hardy sitzt in seinem Zimmer und grübelt. »Kleiner« hat der Vater ihn genannt, das hat er früher immer gesagt, als er noch viel jünger war. Jetzt war er immerhin schon zwölf und ein »Profi«, wie er von Dr. Meinrad genannt worden war. Doch der Stolz war wie weggeblasen – die Freude über sich selbst wie weggewischt. Auf das starke und bestätigende Gefühl »Ich bin toll« folgte die entwertende Aussage: »Du bist nicht toll.« Das war ein Schock – wie ein Schlag in die Magengrube. Fragen zermartern sein Gehirn: »Was habe ich denn falsch gemacht? Worin lag mein Fehler, dass Vater mich nicht auch gelobt hat? Ich habe mir doch solche Mühe gegeben und die Kunden fanden mich doch gut. Habe ich meine Sache so schlecht gemacht?«

Hardys Enttäuschung sitzt tief. Als die Mutter ihn schließlich entdeckt, hockt er in sich zusammengesunken im Zimmer. Keine Spur mehr von dem Hochgefühl, als er den Laden im Griff hatte wie ein Großer. »Der Vater hat mich weggeschickt«, klagt er. »Sei nicht so empfindlich. Das war nur wegen dem Dr. Meinrad und seiner Bestellung. Das kannst du ja nicht wissen.« Hardy tröstet das in diesem Augenblick nur wenig. Auch später nicht. Denn wann immer er wieder im Laden hilft, ist er unsicher. Wegen jeder Kleinigkeit muss er fragen – ob er das darf, ob es so geht, ob das richtig war. Und so bleibt es.

Wann immer Hardy später als Erwachsener – übrigens in der EDV-Branche statt im Kurzwarenhandel gelandet – in seinem Leben etwas Neues anfängt, überfällt ihn wieder die Angst, etwas falsch zu machen und dafür weggeschickt zu werden. Der Satz: »Du kannst jetzt hochgehen« wird zu einem Schreckensbild, das in ihm immer wieder Schuld- und Reuegefühle erzeugt. Deshalb fühlt er sich auch in übertriebener Weise für alles verantwortlich, im Beruf, in der Familie, ja selbst beim Elternsprechtag und bei der Vorbereitung des Straßenfestes. Ständig fragt Hardy nach, ob auch alles richtig gelaufen ist, und braucht die Bestätigung anderer. Denn geht etwas schief, ist es sofort wieder da, dieses Gefühl: »Ich habe einen Fehler gemacht – ich bin schuld.«

Schuldgefühle haben viele Gesichter. Erkennen wir nicht, was sie auslöst, können sie zur Qual werden. Deshalb sollten wir uns auch hier sehr genau überlegen, mit welcher Selbstbotschaft wir sie immer wieder heraufbeschwören.

Schuldgefühle kennt jeder, gewiss auch Sie. Denn wir alle plagen uns manchmal mit Gedanken wie: »Das hättest du ganz anders machen müssen«, »Warum habe ich da nicht besser reagiert?«, »Wie konnte ich bloß so dumm sein?«, »Ich mache immer alles falsch«.

Doch müssen wir uns eines deutlich machen: Ein Gewissen zu besitzen ist eine gute Sache. Menschen ohne Gewissen sind abscheulich und tragen mit ihrer Skrupellosigkeit dazu bei, dass wir in Zeiten leben, in denen immer weniger Menschen an das Gute im Menschen glauben können, sei es in Wirtschaft und Politik oder im Privaten. Trotzdem ist unser Gewissen eine innere Instanz, die wir nicht einfach so walten lassen müssen. Denn häufig wird es von denselben Botschaften regiert – denselben anerzogenen Beurteilungsrastern –, die sich in Kindheit und Jugend gebildet haben und seither nie wieder objektiv von uns überprüft wurden. Das heißt, unser Gewissen sagt uns, was wir zu fühlen und zu tun haben – ob es richtig ist und Sinn macht, wissen wir nicht.

Deshalb dürfen Sie Ihrem Gewissen auch nicht erlauben, Sie zu terrorisieren. Denn wenn alles, was man tut, von einem Zweifel belegt ist, wenn die Sicherheit fehlt, wenn man immer wieder das Gefühl hat, dass man Fehler gemacht hat, so kann auch das zu einer sich selbst erfüllenden Prophezeiung werden, die wie eine ewige Kreisbewegung die Geschehnisse bestimmt, die uns im Leben widerfahren.

Machen Sie das Beste aus Ihrer Situation

Entschlüsseln Sie daher Botschaften und Stimmen aus den Tagen, als Sie noch ein unbeschriebenes Blatt waren. Finden Sie heraus, ob Sie auch von einer harmlos erscheinenden Begebenheit geprägt sind wie Hardy und ob Sie diese ähnlich niederschmetternd erlebt haben, dass sie bei Ihnen die Selbstbotschaft hinterlassen hat: »Ich mache immer alles falsch.« Sehen Sie sich vor allem wieder die Personen genauer an, die an der »Aufführung« beteiligt waren. Versuchen Sie, Ihre Tat wiederum zu begreifen – den Fehler, die Taktlosigkeit, die nicht vorhandene Sensibilität. Dann finden Sie heraus, wer da noch immer zu Ihnen spricht, wenn Sie sich selbst mal wieder beschuldigen mit: »Ach, hätte ich doch ...« oder: »Wie konnte ich nur ...«. Ist es die Stimme Ihres Vaters, der Sie einst für etwas gescholten hat und Sie immer noch tadelt? Ist es die Stimme Ihrer Mutter, Ihres Lehrers, Ihres Trainers, die Sie einer Schuld bezichtigt und die Sie in bestimmten Momenten immer noch zu hören glauben? Versuchen Sie, mit diesen Personen Kontakt aufzunehmen. Spielen Sie das Stück von damals noch einmal durch. Gehen Sie in Gedanken auf diejenigen zu, die Sie, vermutlich ohne sich dessen bewusst zu sein, verletzt und damit auch geprägt haben. Sagen Sie es ihnen einmal laut und deutlich. Sie können auch zum Telefonhörer greifen und es wirklich tun. Oder verabreden Sie sich miteinander zu einem langen Spaziergang, bei dem Sie das zur Sprache bringen können, was Sie mit sich herumtragen. Wenn Sie das schaffen, so habe ich Hochachtung vor Ihnen. Doch reicht es manchmal auch schon, wenn Sie sich selbst sagen: »Ich bin jetzt erwachsen. Ich will mich nicht länger von den alten Beschuldigungen anderer quälen lassen.« Denn tun Sie das öfter und immer dann, wenn Sie merken, dass die Schuldgefühle wieder auftauchen, so kann das eine spürbar befreiende Wirkung haben.

Die Angst davor, Fehler zu machen, und auch die Schuldgefühle werden dadurch zwar nicht verschwinden. Aber Sie haben einen Anfang gemacht, sich selbst neu zu definieren. Der nächste Schritt ist, dass Sie sich selbst positive Botschaften schreiben müssen – die Anregungen dazu finden Sie auf den nächsten Seiten. Der Rest ist Übungssache und ein Prozess, den Sie weiter fortführen müssen. Jeden Tag aufs Neue. Denn es ist kaum möglich, den Rucksack mit den gesammelten Erfahrungen der Kindheit loszuwerden – das wollen wir auch nicht, denn es ist viel Gutes darin. Worum es geht, ist, im Hier und Jetzt unser Leben genießen zu können – am besten jeden Tag. Denn: Heute ist der Tag, der morgen schon Vergangenheit ist. Deshalb sind wir heute diejenigen, die für unsere Vergangenheit sorgen. Und wenn wir heute dafür sorgen können, dass wir morgen an einen Tag zurückdenken, den wir als schön empfanden, so haben wir etwas Großes erreicht.

Sich selbst besser zu verstehen ist die Voraussetzung, um ein neues Selbstverständnis aufbauen zu können. Die Menschen um uns herum besser zu verstehen ist die Voraussetzung für das Verzeihen ihrer Fehler und dafür, eine neue Verbindung zu ihnen herstellen zu können. Sich selbst zu ermutigen – jeden neuen Tag – ist die Voraussetzung dafür, sich selbst ein neues, befreites Lebensgefühl schaffen zu können. Beginnen Sie jetzt damit.

4. So ermutigen Sie sich selbst!

Veränderung ist trainierbar

Jetzt geht es zur Sache, liebe Leserin, lieber Leser. Denn Sie haben nun herausgefunden, welche Lebensbotschaften von früher und ungünstige Gedankenprogramme von heute Sie manchmal behindern, und sich dazu hoffentlich Notizen gemacht. Falls noch nicht geschehen, so sollten Sie in jedem Falle jetzt Papier und Bleistift zur Hand nehmen. Denn nun möchte ich Ihnen einige konkrete Übungen vorstellen, mit denen Sie lernen können, sich selbst positiv zu beeinflussen.

Vorab gilt es jedoch, das Prinzip positiver Selbstbeeinflussung verstehen zu lernen. Diese einfache Form der Selbsthilfe basiert auf der Tatsache, dass alles, worauf wir uns konzentrieren, einen Effekt hat. Das heißt: Füttern wir unser Bewusstsein vermehrt mit negativen Inhalten, so ist der Effekt, dass wir vermehrt negativ über uns und die Welt nachdenken, dass wir unangenehme Gefühle haben und Erfahrungen machen, in denen wir das negative Denken bestätigt sehen. Konzentrieren wir uns vorrangig auf positive Inhalte, so ist der Effekt, dass wir vorrangig positiv zu uns selbst und zur Welt stehen, dass wir angenehme Gefühle haben und Erfahrungen machen, an denen wir in der Mehrzahl Erfreuliches entdecken. Denn was uns erfüllt, gewinnt an Macht.

Den Beweis dafür finden Sie in sich selbst. Denn offenbar haben Sie lange Zeit ein Gedankenschema gepflegt, das Ihnen eher unglückliche Erlebnisse in Ihrem Leben beschert hat. Anders ausgedrückt: Hunderte Male haben Sie zugelassen, dass ein geistiges Programm Ihr Leben dirigiert hat, das Ihnen immer wieder ein schlechtes Selbstbild beschert hat – für unangenehme Gefühle und unglückliche Erfahrungen gesorgt hat. Wäre es nicht zumindest manchmal so, hätten Sie dieses Buch wohl kaum bis hierhin gelesen.

Wir müssen erkennen, dass jedes Denkschema, das wir verstärkt praktizieren – ob positiv oder negativ –, Auswirkungen hat, die wie sich selbst erfüllende Prophezeiungen funktionieren. Dann erst wird klar, dass wir uns nur gedanklich »umprogrammieren« müssen, um zu fühlen und zu erleben, was wir gerne fühlen und erleben möchten.

In diesem Zusammenhang klingt das Wort »nur« danach, als sei dieses »Umprogrammieren« ein Kinderspiel. Das ist es natürlich nicht. Ein Veränderungsprozess bedeutet immer auch ein gehöriges Stück Disziplin und Arbeit an sich selbst. Doch lohnt sie sich über die Maßen. Denn überlegen Sie, was sich aufgrund dessen alles zum Besseren wenden könnte. Außerdem gibt es ein Argument, das sehr dafür spricht, dass diese Arbeit zu schaffen ist. Und das lautet: Sie haben doch bereits mehrmals in Ihrem Leben solche Veränderungen vollzogen. Vielleicht haben Sie sich das Rauchen abgewöhnt oder sich angewöhnt, sich gesünder zu ernähren. War das am Anfang schwierig? Mit Sicherheit! Aber es ist Ihnen gelungen. Vielleicht haben Sie eine Fremdsprache erlernt oder mit dem Joggen angefangen, weil Ihnen der Arzt Bewegung verordnet hat. Auch hier war bestimmt zuerst der innere Schweinehund zu überwinden – doch dann haben Sie es durchgezogen. Vielleicht haben Sie sich umstellen müssen, als Sie nochmals von vorn angefangen und nach einer beendeten Beziehung einen Partner gefunden haben, der so ganz anders ist als der davor. Oder Sie sind auf einen anderen Beruf umgestiegen, in dem Sie zum Beispiel den Umgang mit dem PC neu lernen mussten. Garantiert war auch das am Anfang keine leichte Zeit. Aber Sie haben es gepackt. Es hat sich gelohnt.

Was es auch war – Sie haben mit Sicherheit schon häufiger erfahren, dass Sie alte Gewohnheiten ablegen und sich neue aneignen können, weil es notwendig war oder insgesamt besser für Sie ist. Und weil Sie schon viele Male solche Veränderungsprozesse durchlaufen haben, schaffen Sie es auch, von negativen Denkprogrammen wegzukommen, die sich durch lange zurückliegende Botschaften gebildet haben. Die nachstehenden Übungen haben sich alle in der Praxis bewährt. Probieren Sie am besten alle einmal durch. Wenn so viele Menschen sich schon damit helfen konnten – warum nicht auch Sie?

Selbstermutigungs-Übung »Das Gute an mir«

Da Sie ja inzwischen Stift und Papier bereithalten, bitte ich Sie, zuerst eine kleine Übung zum Aufwärmen auszuführen. Fertigen Sie eine Liste davon an, was Sie gut können, wofür Sie Talent haben, was Sie anderen Menschen voraushaben, was Sie an sich selbst mögen, worüber Sie sich gerne definieren und so weiter.

Bitte sagen Sie jetzt nicht: »Außer Schwächen fällt mir dazu nichts ein.« Denn das würde nur bestätigen, dass Sie Botschaften mit sich herumschleppen, mit denen Sie sich selbst abqualifizieren. Das liegt vielleicht daran, dass man Sie früher auch abqualifiziert hat und Sie dies als Selbstbotschaft übernommen haben? Wie dem auch sei, tun Sie jetzt etwas dagegen. Ändern Sie das alte Denkschema. Rangieren Sie die Negativprogramme aus wie alte Klamotten, die Ihnen nicht mehr passen, Ihnen nicht mehr gefallen und Ihnen einfach nicht mehr zu Gesicht stehen. Kleiden Sie sich neu ein.

Sie haben ein Recht dazu. Denn wenn Sie sich bislang vielleicht oft gesagt haben, was Sie alles nicht sind, nicht können oder an sich selbst als Mangel sehen, so sollten Sie auch einmal die anderen Seiten im Buch Ihres Lebens aufschlagen. Damit meine ich die Dinge, die Ihnen schon gelungen sind, und die vielen kleinen und großen Besonderheiten Ihres Wesens, die positiv zu bewerten sind. Deshalb schreiben Sie sie alle auf. Und lassen Sie sich bei der Suche danach nicht von üblichen »Killerphrasen« aufhalten wie: »Ach, das kann doch jeder«, »Das ist doch nicht wichtig« oder: »Ja, aber der/die kann das noch viel besser als ich.« Das »Ja, aber« sollten Sie ohnehin gleich aus Ihrem Wortschatz streichen. Es bringt Sie nicht weiter.

Entdecken Sie dafür Ihre schönen und guten Seiten und lassen Sie sie so stehen, wie sie Ihnen in den Sinn kamen. Radieren Sie nichts wieder aus. Relativieren Sie nichts. Schwächen Sie nichts ab. Wie gesagt: »Hinschreiben!« lautet die Devise. Denn es geht darum, möglichst viele positive Gegengewichte zu finden. Und die existieren – auch wenn wir manchmal geneigt sind, uns nur negativ zu sehen. Deshalb dürfen Sie die Zettel ruhig auch mit vermeintlichen Unwichtigkeiten füllen wie etwa: »Ich habe schöne Augen. Ich bin ein sehr sorgfältiger Mensch. Ich kann gut kochen. Ich kann gut Witze erzählen, Autos reparieren, Menschen begeistern, Ordnung halten ... Ich habe eine tolle Familie. Ich habe schon so manche schwierigen Zeiten gemeistert. Ich bin ein guter Tennisspieler, ein guter Kollege, Freund ...« Denn was wir manchmal als unmaßgeblich und nicht von Bedeutung einstufen, ist oft mehr wert, als wir denken.

Führen Sie diese Übung über die Woche verteilt weiter fort. Verfolgen Sie Ihren Alltag, Schritt für Schritt, am Wochenende und während der Woche. Notieren Sie immer wieder etwas Neues. Gehen Sie auch Ihre Hobbys und Interessen durch und erinnern Sie sich an Dinge, die Sie dort schon erfahren haben. Erinnern Sie sich an Erfolgserlebnisse, freudige Momente, Lob, Unterstützung, Anerkennung. Suchen Sie in Gedanken auch nach Menschen, die viel von Ihnen halten, die Sie mögen, die Sie unterstützt und gefördert haben. Wie lauten die positiven Äußerungen, die sie über Sie machen? Fügen Sie Ihrer Liste immer wieder etwas hinzu, was Ihnen selbst nicht aufgefallen wäre. Und bewahren Sie die Liste gut auf, denn Sie sollten sie sich nach Bedarf wieder vornehmen und die Fakten lesen können. Vielleicht holen Sie sie sogar an jenen Tagen hervor, an denen Sie sich einmal wieder selbst schlecht machen und sich all Ihre Schwächen und Fehlbarkeiten aufzählen. Denn ehe Sie sich von Lebensbotschaften wie: »Du machst alles falsch« oder: »Du hast keinen Erfolg« die Stimmung vermiesen lassen, sollten Sie lieber dazu übergehen, das auszugleichen. Indem Sie auf Ihren eigenen Listen nachschauen, was Sie an positiven Wesenszügen zu bieten haben, entkräften Sie die negative Selbsteinschätzung. Damit verfügen Sie über ein hochwirksames Abwehrmittel gegen Tage, an denen der kleine Mann im Ohr versucht, Sie herabzusetzen.

Selbstermutigungs-Übung »Sag: Ich kann«

Eine andere Möglichkeit, negative Lebensbotschaften für sich selbst zu entschärfen, ist das Umformulieren ins Gegenteil. Statt sich also von einer Negativ-Formel wie: »Du kannst das nicht«, »Du machst immer alles falsch« oder: »Ich schaffe das nicht« in Ihren Lebensmöglichkeiten einengen zu lassen, drehen Sie den Spieß einfach um und sagen zu sich selbst: »Ich kann.«

Nun mögen Sie vielleicht erschrecken und sofort denken: »Das geht mir nicht über die Lippen – nicht so, dass ich mich dabei ernst nehmen kann.« Oder Sie zweifeln daran, dass eine Formel wie: »Ich kann« einen geistig-seelischen Veränderungsprozess in Gang setzen kann. Ich versichere Ihnen, dass es geht. Autosuggestion ist eine seriöse Mentaltechnik. Sie müssen sich nur selbst die Erlaubnis geben, jede im Kopf herumschwirrende Negativformel aufzugreifen und positiv umzuformulieren. Machen Sie sich bewusst, dass alle Botschaften in unserem Kopf rein virtuell sind. Das heißt: Sie existieren nicht wirklich – eben nur, weil wir daran glauben. Wollen wir aber an etwas anderes glauben, haben die Negativbotschaften ausgedient. Daraus folgt: Wenn Sie Ihr Bewusstsein und Unterbewusstsein mit neuen Formeln füttern – mit Selbstbotschaften, die gezielt positiv formuliert sind, so sind Sie imstande, ein jahrelang gültiges Selbstbild zu verändern.

Denn die Welt unserer Gedanken funktioniert nach einem klaren Prinzip. Nämlich: Der Input bestimmt den Output. Mit anderen Worten: Was wir hineingeben, bekommen wir auch heraus. Deshalb vermag auch das Üben mit positiven Formeln unser Denken und damit unsere Gefühle und unser Verhalten zu verändern.

Sie haben sich die negativen Lebensbotschaften notiert oder gemerkt, die Ihnen am meisten im Weg stehen? Gut! Denn nun sollen Sie sie unschädlich machen. Nehmen Sie sich dazu jene negativen Formulierungen vor, die Ihnen den Elan nehmen, Sie kränken, ausbremsen oder klein machen, und schreiben Sie sich selbst bessere Botschaften, in Form von positiven Formeln.

Zwei Dinge müssen Sie allerdings beachten:

1. Eine positive Formel muss immer im Ist-Zustand formuliert werden. Formulieren Sie nicht im Futur (in der Zukunftsform) und auch nicht den Weg dorthin. Sagen Sie also nie: »Ich würde. Ich will. Ich werde. Ich möchte. Ich könnte.« Denn das ist nicht zielorientiert und liegt in diffuser Ferne. Denken Sie an das Phänomen der sich selbst erfüllenden Prophezeiung und fassen Sie bereits mit der Formulierung der Formel ins Auge, was bald auf Sie zutreffen soll. Sagen Sie es so, als hätten Sie es schon erreicht. Sagen Sie: »Ich kann. Ich habe. Ich bin.« Dann kann die bessere Botschaft Wirkung zeigen.
2. Eine positive Formel sollte niemals zwanghaft gesagt oder gedacht werden. Zu hohe Erwartungen verhindern also ebenso den Erfolg wie der Glaube, man würde nur eine Art Zauberspruch aufsagen – »Simsalabim«, und alles ist verwandelt. Um die negativen Zu-

weisungen von früher in den Griff zu bekommen und sich ein neues Selbstbild zu erarbeiten, sollten Sie locker an die Sache herangehen. Bleiben Sie also entspannt. Seien Sie ohne Skepsis und haben Sie Vertrauen in die neue, die selbst gewählte, positive Botschaft an sich selbst. Dann kann sie Wirkung zeigen.

Probieren Sie es nun einfach aus. Versuchen Sie die Welt Ihrer Gedanken in ermutigender Weise zu durchdringen. Nehmen Sie sich gezielt eine Negativbotschaft nach der anderen vor, die Sie beim Lesen der vorangegangenen Kapitel für sich herausgefiltert haben. Falls nicht schon geschehen – schreiben Sie sie alle auf. Was jetzt hinzukommt:

Schreiben Sie jedes Mal eine positive Umformulierung dahinter. Zum Beispiel so:

Negativbotschaften positiv umformulieren

Ich schaffe das bestimmt nicht.
→ Ich schaffe das.

Ich weiß jetzt schon, es geht schief.
→ Es wird gut.

Jedes Mal lasse ich mich in etwas hineinziehen und bin anschließend der Dumme.
→ Ich bin der Regisseur meines Lebens.

Was war, hängt mir immer noch nach.
→ Ich lasse los.

Ich wünschte, alles wäre noch so wie früher.
→ Ich freue mich auf das, was jetzt kommt.

Die anderen tun einfach nicht, was ich sage.
→ Ich mache keinen Druck mehr.

Ich traue mir das nicht zu.
→ Ich bin gut.

Ich gehöre nirgends dazu.
→ Ich gehe auf die Menschen zu.

Ich mag meinen Körper nicht.
→ Ich mag mich so, wie ich bin.

Bei manchen Sätzen, die wir im Laufe unseres Lebens als verneinende Fremdbotschaft aufgenommen und zur Selbstbotschaft gemacht haben, bietet sich beim Umformulieren auch die widerspenstige Nachfrage an: »Warum nicht?« Zum Beispiel so:

Negativbotschaften infrage stellen

Aus dir wird nie was!
→ Warum nicht? Ich überrasche euch noch alle!

So eine wie du findet nie einen!
→ Warum nicht? Ich heirate sogar einen!

So einer wie du macht nie Karriere.
→ Warum nicht? Querdenker wie ich sind gefragt.

Wie Sie wissen, gibt es auch eine Vielzahl von Botschaften, die uns allesamt dazu veranlassen, unsere eigene Person ständig negativ mit anderen Menschen zu vergleichen.

Schreiben Sie sich daher auch einige Formeln auf, in denen Sie Ihre Werte betonen. Zum Beispiel so:

Eigene Werte betonen

Die anderen sind alle viel besser als ich.
→ Ich bin eine starke und positive Persönlichkeit.

Die anderen haben alle viel mehr Glück im Leben.
→ Ich mache jeden Tag das Beste aus mir.

Die anderen sind alle viel cleverer.
→ Ich bin etwas Besonderes.

Die anderen verdienen alle mehr Geld als ich.
→ Ich gehe dafür mehr den Weg des Herzens.

Die anderen haben gleich beim ersten Anlauf Erfolg.
→ Ich kämpfe gerne für die Dinge, die ich erreichen will – ich will nichts geschenkt haben.

Die anderen haben hübschere/intelligentere Kinder.
→ Ich liebe meine Kinder so, wie sie sind.

Die anderen haben alle einen netten Partner und ich nicht.
→ Ich lerne einen wunderbaren Menschen kennen – der mich liebt.

Die anderen machen es mir immer wieder schwer.
→ Ich wachse am Widerstand der anderen und werde dadurch erst richtig gut.

Die anderen nehmen mich nicht ernst.
→ Ich befreie mich von dem, was andere über mich denken oder sagen – ich bin, wie ich bin.

Na, wie fühlt sich das an? Passt das etwa nicht zu Ihnen, was Sie da schreiben? Machen Sie weiter, auch wenn Sie inneren Widerstand spüren. Denn dieser Widerstand wird lediglich aus den Negativprogrammen gebildet, die man seit Jahren aufrechterhalten hat und die sich nun dagegen wehren, abgeschafft zu werden. Tricksen Sie diese inneren Widerstände aus, indem Sie sich sagen: »Ich nehme es einfach als Experiment.«

Das Experiment macht es jetzt erforderlich, dass Sie die positive neue Botschaft gesondert fixieren. Fangen Sie also jetzt an, einige Sätze herauszufiltern, die Ihnen gut gefallen haben oder die auf Ihre persönliche Situation zutreffen. Kurz: Lassen Sie den vorhin noch notierten Negativsatz weg und schreiben Sie sich jetzt eine eigene Liste positiver Formeln. Zum Beispiel so:

Positive Formeln finden

→ Ich bin ein wertvoller Mensch.

→ Ich bin das, was ich jeden Tag selbst aus mir mache.

→ Ich blicke nach vorn und freue mich auf meine Zukunft.

→ Ich weiß: Was ich durchgemacht habe, war notwendig, um als Mensch wie ein Diamant geschliffen zu werden.

→ Ich bestimme mein Leben selbst.

→ Ich erwarte nichts – bin ganz ruhig und gelassen.

→ Ich bin jetzt die große Anja (Nicole, Jeannette, Christine ... Setzen Sie hier bitte Ihren eigenen Vornamen ein.

→ Ich bin jetzt der große Rainer (Mark, Sebastian, Stefan ... Setzen Sie hier bitte Ihren eigenen Vornamen ein.

→ Ich bin tolerant und großzügig anderen Menschen gegenüber.

→ Ich verzeihe den Menschen, die mir gegenüber Fehler gemacht haben.

→ Ich kann ganz leicht auf Menschen zugehen. Ich habe keine Angst vor Nähe.

→ Ich unternehme gerne den ersten Schritt.

Bewahren Sie die Formeln, die Ihnen am meisten zusagen, gut auf. Lesen Sie sie immer wieder, damit sie sich einprägen und zur positiven »Gegendarstellung« der Negativbotschaften werden können, die aus der Vergangenheit stammen. Sie werden sehen: Meist kristallisiert sich am Ende nur noch eine einzige heraus. Das ist dann die wichtigste. Diese sollten Sie auswendig lernen, um sie am

Tag mehrmals gedanklich abrufen zu können. So können Sie sich fortan selbst etwas Positives »einreden«.

Selbstermutigungs-Übung »Die sieben Zettel«

Wenn Sie nun Ihre persönliche positive Botschaft formuliert haben, sorgen Sie dafür, dass Sie sie den ganzen Tag über begleitet – am besten vom Aufwachen bis zum Schlafengehen. Damit das gelingen kann, möchte ich Ihnen meine Sieben-Zettel-Methode ans Herz legen. Sie ist sehr einfach und effektiv. Ich empfehle sie Ihnen, damit Sie im Alltag bei Ihren Denk- und Verhaltensgewohnheiten systematisch prüfen können, ob Sie mit der richtigen geistigen Einstellung zu sich selbst zu Werke gehen.

Am besten schneiden Sie sich dazu sieben gleich große Papierblätter zurecht (etwa DIN A5). Oder Sie verwenden die kleinformatigen gelben Haftzettel, weil man sie leicht überall befestigen und wieder ablösen kann. Als Nächstes schreiben Sie Ihre neue, positive Botschaft groß und deutlich auf jedes einzelne Blatt (Druckschrift ist besser lesbar).

Verteilen Sie nun die Zettel so an den Orten, an denen sich Ihr Alltag abspielt, dass im Laufe des Tages immer wieder Ihr Blick darauf fällt.

Geben Sie jedem der sieben Zettel einen festen Platz. Zum Beispiel so:

Zettel Nummer 1: Der Aufwach-Zettel

Worauf fällt Ihr Blick am Morgen zuerst? An die Zimmerdecke? Dann heften Sie den ersten Zettel ruhig dorthin.

Drehen Sie sich aber zuerst nach dem Radiowecker um, so kleben Sie den Aufwach-Zettel an die Antenne oder an den Rand des Radios. Schauen Sie aber zuerst nach Ihren Pantoffeln, dann kleben Sie ihn neben Ihren Pantoffeln auf den Boden. Öffnen Sie die Augen erst, wenn Sie die Nachttischlampe angeknipst haben, dann kleben Sie den Zettel an den Lampenschirm oder an den Schalter.

Zettel Nummer 2: Der Badezimmer-Zettel

Ein idealer Platz ist hier der Spiegel. Blicken Sie Ihrer guten Botschaft gleich beim Zähneputzen ins Gesicht. Sie können sie sich auch beim Rasieren, Fönen, Frisieren oder Schminken laut vorsagen oder leise singen, was übrigens auch viele bekannte Leistungssportler, Manager oder einfach nur Leute machen, die an diesem Tag etwas Wichtiges vorhaben. Versuchen Sie es auch. Lesen Sie sich jeden Morgen laut vor, was da steht: »Ich bin schön«, »Mir gelingt alles«, »Heute ist mein Tag«.

Zettel Nummer 3: Der Frühstücks-Zettel

Er begegnet Ihnen in der Küche oder wo Sie sonst die erste Mahlzeit einnehmen. Fragen Sie sich zuvor, was am Anfang Ihrer täglichen Morgenroutine steht. Kaffeemaschine anschalten? Dann liegt es nahe, einen Zettel direkt an der Kaffeemaschine zu befestigen. Natürlich eignen sich auch der Wasserkocher, die Kühlschranktür, die Teedose, der Brotschrank und was Ihnen sonst noch dazu einfällt. Ob Sie sich Müsli bereiten oder Eier mit Speck –

postieren Sie Ihr »wichtiges Papier« auch hier so, dass Sie der positiven Botschaft für den Tag nicht entgehen können.

Zettel Nummer 4: Der Notizbuch-Zettel

Ob Sie einen dienstlichen Terminkalender führen, ein privates Notizbuch oder den großen Familienplaner – bringen Sie Ihre Botschaft auch hier so an, dass sie Ihnen mehrmals am Tag begegnet. Wenn Sie Gedächtnisstützen dieser Art nicht benützen, dann nehmen Sie stattdessen die Brieftasche, den Aktenkoffer oder die Einkaufstasche. Wählen Sie für Zettel Nummer 4 auf jeden Fall einen Ort, der mit der Regelung des Alltagsgeschehens zu tun hat und der Sie begleitet, ob Sie irgendwo einkaufen oder sich auf ein berufliches Gespräch vorbereiten. Übrigens: Auch ein Handy oder ein Palmtop leisten hier gute Dienste: Sie lassen sich mit einem »elektronischen Zettel« bestücken, der uns beim Anschalten die richtige Botschaft zeigt.

Zettel Nummer 5: Der Fahrzeug-Zettel

Nicht gerade die Geschwindigkeitsanzeige, aber das Display an Radio oder CD-Player im Auto können Sie getrost mit einer wichtigen Botschaft zukleben. Mitten auf dem Lenkrad ist auch kein schlechter Platz dafür. Bei längeren Autofahrten auf der Autobahn oder im Stop-and-go des Stadtverkehrs hat man so Gelegenheit, immer mal wieder einen Blick darauf zu werfen, ohne vom Verkehrsgeschehen abgelenkt zu werden.

Zettel Nummer 6: Der Arbeitsplatz-Zettel

Diesem Zettel sollten Sie einen ganz besonderen Platz einräumen. Denn immerhin verbringen wir die meiste Zeit unseres Lebens mit Arbeit. Ob im Büro, in der Werkstatt oder bei der Hausarbeit: Bringen Sie den sechsten Zettel deshalb an zentraler Stelle Ihrer Wirkungsstätte an. Kleben Sie ihn an den Bildschirm Ihres Computers, auf die Schreibtischunterlage, an den Werkzeugschrank, an die Küchentür, die Waschmaschine. Wenn Sie Hemmungen haben, den Zettel so auffällig zu positionieren, weil Sie fürchten, dass Ihre Kollegen Sie für leicht verrückt erklären, überlegen Sie weiter. Finden Sie Möglichkeiten, die positive Botschaft nur den eigenen Augen zugänglich zu machen. Man kann den Bildschirmschoner des Monitors programmieren oder einen Bilderrahmen auf den Schreibtisch stellen, in dem statt des üblichen Fotos der Lieben diese spezielle Nachricht an Sie selbst befestigt ist. Und wenn Sie trotzdem jemand mit befremdeter Miene darauf anspricht, sagen Sie einfach: »Ich mache eine Fortbildung in positivem Denken.«

Zettel Nummer 7: Der Freizeit-Zettel

Was machen Sie in Ihrer Freizeit am liebsten? Lesen? Dann legen Sie sich diesen Zettel in Ihr aktuelles Lieblingsbuch. Falls Sie häufiger fernsehen, heften Sie ihn auf die Fernbedienung. Sind Sie eher ein sportlicher Typ, der jede freie Minute auf dem Tennisplatz oder beim Golfen verbringt, so legen Sie den Freizeitzettel in die Sporttasche oder zu Ihrem Clubausweis. Die Hauptsache ist, der Faden an Positivbotschaften reißt nicht ab.

Sollten Sie das alles ein bisschen übertrieben finden – so kann ich damit leben. Denn es ist eine normale Abwehrhaltung gegen etwas Ungewohntes. Bedenken Sie aber noch einmal, was wir schon besprochen haben: Alles, was wir wahrnehmen, hat eine Wirkung. Auch die Negativbotschaften sind irgendwie zu uns gekommen. Wir haben sie von einem Menschen gesagt bekommen oder sie uns selbst gesagt, und so wurden sie zu einem Teil unseres Denkens. Mit der »Sieben-Zettel-Methode« machen Sie also nichts anderes. Nur konfrontieren Sie sich konsequent mit einer Positivbotschaft und hindern so die tief eingegrabenen Negativbotschaften daran, im Übermaß wirksam zu werden.

Machen Sie einfach einen Probelauf. Führen Sie die »Sieben-Zettel-Methode« mindestens sieben Tage lang durch. Wenn Sie spüren, dass sie nur wenig bewirkt, sollten Sie den Test auf sieben Wochen erweitern. Entfernen Sie dann alle Zettel wieder aus Ihrem Lebensbereich und warten Sie ab, was geschieht.

Selbstermutigungs-Übung »Übertreiben«

Diese Übung ist etwas für Fortgeschrittene. Sie dürfen sich natürlich auch als Anfänger damit vertraut machen. Für beide gilt: Absolvieren Sie die Übung nicht ohne eine Portion Humor. Vor allem aber sollten Sie sich trauen, ein wenig Größenwahn an den Tag zu legen. Man könnte es auch »Thing big« nennen, wie die Amerikaner – »Denke groß«. Denn genau darum geht es hier.

Stellen Sie sich von vornherein darauf ein, sich selbst größer, besser, erfolgreicher, schöner zu machen und statt wie gewohnt in kleinen oder normalen in groß angelegten Dimensionen zu denken. Verschaffen Sie sich übermenschliche, fantastische, geniale, galaktische, sensationelle Positivbotschaften, frei nach dem Motto: »Darf's ein bisschen mehr sein?« Und bevor Sie sich daranmachen, sich selbst solche Bilder auszudenken und aufzuschreiben, können Sie sich von diesen Beispielen inspirieren lassen.

»Think big« – Übertreibungs-Sätze zur Selbstermutigung

Ich fühle mich wie ein Mäuschen.
→ Ich bin ein Elefant!

Ich krieg das wieder nicht hin.
→ Was denn? Das ist eine meiner leichtesten Übungen!

Ich bin zu schüchtern dafür.
→ Ich bewege Welten! Atlas wird staunen!

Ich werde kläglich versagen.
→ Das packe ich mich links und setze noch eins oben drauf!

Ich kann nicht reden.
→ Dieter Thomas Heck verstummt gegen mich!

Ich bin halt unsportlich.
→ In vier Jahren starte ich bei Olympia!

Ich bin zu dick.
→ Die Modelagenturen reißen sich um mich!

Ich verdiene zu wenig.
→ Im nächsten Jahr bin ich Millionär!

Alle übersehen mich.
→ Die Welt liegt mir zu Füßen!

Ich weiß, ich weiß! Das kommt Ihnen nun doch etwas zu dick aufgetragen vor. Und Sie befürchten, zum Aufschneider und Maulhelden zu werden, wenn Sie sich selbst solche Sprüche ausdenken sollen. Doch lassen Sie Vernunft und Seriosität ein einziges Mal außen vor und denken Sie in anderen Kategorien.

»Wenn du es kannst, so lasse ab vom Kleinen und suche das Große!«, hat Gottfried Keller einmal gesagt.

Rechnen Sie einmal nach, wie viele Jahre lang Sie Ihr Gehirn möglicherweise mit Negativbotschaften gefüttert haben. Wie lange haben Sie sich Sprüche angehört, die Sie klein und unbedeutend gemacht haben? Wie lange haben Sie womöglich selbst daran geglaubt und sich immer wieder gesagt: »Ich bin unfähig« oder »Ich bin ein Schaf«, weil andere mit Ihnen vielleicht machen konnten, was sie wollten? Wie oft zogen Sie vermutlich aus einem einzigen Misserfolg das alles umfassende Resümee: »Ich bin unfähig«? Und was jetzt? Jetzt sitzen Sie vielleicht in der Tiefparterrewohnung und würden viel lieber im Obergeschoss mit großer Terrasse und Blumen wohnen – um an dieser Stelle eine Metapher zu benutzen. Deshalb: Warum also sollen gerade Sie sich nicht auch trauen, mit himmelsstürmenden Vorstellungen zu spielen – die Vision von einem Loft im Künstlerviertel oder einem schmucken Häuschen im Grünen mit Wunschgarten und allem Drum und Dran? Warum nicht?

Gerade wenn Sie meinen, immer bescheiden sein zu müssen, empfehle ich Ihnen diese Übung. Denn sie ist quasi als Gegenmaßnahme dazu gedacht, was Sie vielleicht jahrelang klein gehalten hat. Deshalb spielen Sie das Spiel ruhigen Gewissens weiter. Schaffen Sie sich Ihre ganz persönlichen Visionen, wie riesig sie auch sein mögen, und spüren Sie, wie sich das anfühlt. Machen Sie sich größer, als Sie sind. Küren Sie sich in Gedanken zur Schönheitskönigin, machen Sie sich zum Schwarm aller Mädchen, zum Präsidenten, zum Popstar, zum Formel-Eins-Gewinner.

Zur Übung gehört auch, sich eine Vorstellung davon zu machen, wie sich Übergröße, Supererfolg, durchschlagende Leistung anfühlen könnte. Versuchen Sie daher zuerst, Ihr »Thinkg-big-Bild« zu entwerfen und sich dann hineinzuspüren, welche Kraft und Energie Sie auf diese Weise durchströmt.

Diese Übung zeigt folgende Nebenwirkung: Wer sich einmal so richtig in Größe und Stärke eines Elefanten hineingedacht hat, der wird sich so leicht nicht wieder mit der Rolle einer verschüchterten Maus zufriedengeben. Wenn, dann zukünftig zumindest als freche Maus.

Wer sich einmal einen olympischen Sieg ausgemalt hat, wird sich wenigstens Sportschuhe kaufen und darüber nachdenken, ob er nicht Sport treiben sollte. Wer sich einmal gedanklich in den Chefsessel gelümmelt hat, für den verliert auch das Vorstellungsgespräch seinen Schrecken.

Machen Sie diese Übung nicht nur einmal, sondern häufiger. Katapultieren Sie sich jedes Mal in höhere Sphären – wenn Ihnen danach ist. Und keine Angst vor Selbstüberschätzung: Heruntergeschraubt von unseren Höhenflügen werden wir sowieso. Denn gewiss sind auch Sie nicht pausenlos von Menschen umgeben, die Sie loben, ermuntern und positiv bestätigen. Verpassen Sie sich also diese mentale Aufbaukur mangels Ermutigung von außen.

Wenn Sie sich von der Erde zu Wolke sieben erheben, dann bleiben Sie am Ende vielleicht zumindest auf Wolke eins hängen – im Vergleich zum Ausgangsniveau ist das ein entscheidender Schritt nach oben. Und weil es schön war, machen wir es gleich noch mal: Auf, auf zu Wolke sieben. Übermut tut gut!

Selbstermutigungs-Übung »Der Große und der Kleine«

Ein jeder von uns spürt manchmal »zwei Seelen« in seiner Brust. Die eine sagt: »Mach es«, die andere sagt: »Lass es«. Ich denke, das wird Ihnen im Leben schon tausendmal so gegangen sein. Und bestimmt auch beim Lesen dieses Buches. Denn manchmal klingt es ganz leicht, die negative Last von früher abzuwerfen und sich selbst auf einen neuen Lebenskurs zu bringen. Und manchmal scheint es unendlich schwierig – fast unmöglich. Dann gerät man in die Phase, in der jeder kleine Fortschritt durch einen gewaltigen Rückschritt wieder zunichte gemacht wird.

Für diese Phase ist folgende Übung gedacht – denn natürlich wird man nicht plötzlich per Knopfdruck ein anderer Mensch. Wie ich schon sagte: Die Botschaften aus dem Rucksack der Kindheit werden wir nie ganz los –

ganz gleich wie erwachsen wir sind. Ein Teil davon wird weiterwirken und damit auch immer über eine Stimme verfügen, die sich in Ihnen zu Wort meldet, Sie meistens im unpassendsten Moment drangsaliert und gerne wieder, wie in der Vergangenheit, die Führung übernehmen will.

Versuchen Sie diese Stimme nicht zu bekämpfen. Denn das hieße, einen Teil von sich selbst bekämpfen zu wollen. Das geht nicht und ist auch nicht gesund. Wie oft Sie sich auch schon über diesen Teil von sich selbst geärgert haben mögen – lassen Sie ihn leben. Er gehört zu Ihnen, ist ein Teil Ihrer Persönlichkeit geworden. Seine Stimme hat also durchaus seine Berechtigung.

Nur sollte sie nicht mehr das Übergewicht bekommen, die Alleinherrschaft. Denn das würde bedeuten, dass Sie sich nicht verändern können. Versuchen Sie daher, den Kontakt zu diesem Teil von sich selbst aufzunehmen, wann immer Sie widersprüchliche Stimmen in sich zu hören meinen. Sprechen Sie mit der »zweiten Seele« in Ihrer Brust.

Die »zwei Seelen« in der Brust beherrschen

Punkt 1:
Finden Sie heraus, was die zweite Stimme von Ihnen möchte. Fragen Sie sich: Möchte sie mich an etwas hindern, etwas verzögern, mir etwas kaputtmachen? Oder möchte sie mir nur sagen, dass ich es nicht kann, dass ich zu schwach bin, nicht talentiert genug? Sobald Sie wissen, was diese zweite Seele in Ihrer Brust sagen will, geben Sie Ihr den Namen »der Kleine«.

Punkt 2:
Machen Sie sich ein Bild davon, wie dieser »Kleine« in Ihnen ausschaut. Personifizieren Sie diese innere Stimme. Stellen Sie sich den »Kleinen« als ängstliches, schutzbedürftiges Wesen vor. Vielleicht auch als einen trotteligen kleinen Zwerg, der Hilfe benötigt. Schauen Sie ihn genau an: Was tut er? Wie bewegt er sich? Wie redet er? Und vor allem: Welche Lebensbotschaft aus früheren Zeiten versucht er Ihnen immer noch ungefragt aufs Auge zu drücken? Was will er blockieren?

Punkt 3:
Malen Sie sich jetzt die andere innere Stimme aus. Denn in Ihnen wohnt ja auch noch »der Große«. Er ist derjenige, der sich etwas zutraut – derjenige, der einfach sagt: »Ich schaff das schon« und »Ich mach das schon«. Geben Sie auch dem »Großen« in Ihnen ein Gesicht. Wie sieht er aus? Großzügig und gutmütig oder aggressiv und kämpferisch – eher ein lustiger, unbedarfter Kerl oder einer, der weiß, was er will? Hören Sie auf seine Stimme. Was sagt er Ihnen? Womit tröstet er Sie? Zu welchen positiven Taten animiert er Sie?

Punkt 4:
Entwerfen Sie eine Szenerie, in der sich der mutige »Große« und der ängstliche »Kleine« begegnen. Überlegen Sie, wie und wo das stattfindet. Steht der »Große« vorn und präsentiert sich? Sitzt der »Kleine« währenddessen still in einer Ecke und hört zu? Gehen die beiden vielleicht miteinander spazieren? Liegt der »Große« genüsslich auf einer Sommerwiese, und hockt der »Kleine« auf

einem Baum? Bauen Sie Ihre Szenerie nach Ihrer Vorstellung aus.

Punkt 5:
Eröffnen Sie das Gespräch der beiden. Machen Sie eine Situation zum Gesprächsthema, die in den nächsten Tagen ansteht – wie zum Beispiel ein Vorstellungsgespräch, ein Rendezvous, ein Vortrag, das erste Mal Surfunterricht am Meer – irgendetwas, das Ihnen ein bisschen Angst macht oder von dem Sie denken: »Ich verpatze das bestimmt.« Lassen Sie den »Großen« zum »Kleinen« sagen: »Komm, wir schaffen das. Ich stehe hinter dir, wenn du den Vortrag hältst, wenn du zu deiner Verabredung gehst oder zum wichtigen Vorstellungsgespräch.« Sagen Sie zum »Kleinen«: »Trau dich, es kann nichts passieren. Du hast doch nichts zu verlieren – du kannst nur gewinnen.« Oder: »Konzentriere dich nicht darauf, was alles schiefgehen könnte. Stell dir einfach mal das gute Gefühl vor, das du hast, wenn du da vorn stehst und alle hören dir zu/wenn du einen unbekannten Menschen kennenlernst/wenn du einen Chef von dir überzeugst/wenn du zum ersten Mal das Surfbrett unter dir fühlst und über die Wellen gleitest – frei wie ein Vogel und endlich einmal Zeit für dich hast ...«

Punkt 6:
Entkräften Sie die Gegenargumente. Reagieren Sie auf die Abwehr des »Kleinen« jedes Mal mit Ruhe und Geduld – auch wenn er sich sträubt und was auch immer für Ausflüchte erfindet, um Sie von etwas abzubringen. Tragen Sie Ihre ermutigenden Argumente wieder und wieder vor. Sa-

gen Sie jedes Mal aufs Neue zu ihm: »Komm schon, was soll denn passieren?« Am besten machen Sie das bei einem einsamen Spaziergang oder wenn Sie alleine zu Hause sind. Wichtig ist: Sprechen Sie nicht nur im Kopf. Führen Sie das Gespräch in der Rolle des »Großen« irgendwann auch laut und als Unterhaltung mit sich selbst.

Punkt 7:
Machen Sie die beiden zu Partnern. Denn wenn Sie diese Übung über Wochen hinweg durchgeführt haben, werden Sie sehen, dass der »Kleine« in Ihnen gewachsen ist. Wenn Sie ihn sich dann wieder vorstellen, werden Sie merken: Er ist größer geworden. Auf einmal ist er kein verschüchtertes oder unbeholfenes Etwas mehr. Er wagt sich aus seiner Ecke hervor, aus dem Schneckenhaus heraus, vom Baum herunter, kommt unter dem Tisch zum Vorschein. Er stellt sich neben dem »Großen« in Ihnen auf und sagt vielleicht ganz freiwillig: »O.k., versuchen wir's einfach! Aber du hilfst mir dabei, ja? Du hast es versprochen.« Wenn Sie so weit sind, dass Sie sich dieses Bild gut vorstellen können, dann haben Sie sich ein großes Stück weiterentwickelt. Am besten lassen Sie die beiden dann Hand in Hand losziehen – etwas Neues für Sie zu wagen und ungewohnte Dinge zu tun.

Selbstermutigungs-Übung »Positive Rituale«

Manchmal muss man aufpassen, dass man nicht »gelebt« wird, statt selbst zu bestimmen – wir sprachen auch darüber schon. Deshalb ist diese Übung dazu gedacht, täglich die persönliche Lebenseinstellung dahingehend zu überprüfen. Am besten tun Sie dies einmal am Morgen und einmal am Abend. Sie denken, Sie haben keine Zeit dazu? Mein dringender Rat: Nehmen Sie sich die Zeit. Sie werden sehen, sie ist nicht vergeudet, sondern hilft Ihnen, das selbst geschaffene, positive Lebensprogramm immer wieder neu zu bestätigen.

Morgens:
Schenken Sie sich jeden Morgen mindestens eine Viertel- oder eine halbe Stunde, um sich positiv auf den Tag einzustimmen. Stellen Sie sich in dieser Zeit jedes Mal diese drei »Was-Fragen«:

1. »Was ist dir heute wichtig?«
2. »Was möchtest du an diesem Tag gerne erleben – Frust oder Lust?«
3. »Was ist deine positive Selbstbotschaft für diesen Tag?«

Am besten ist es, wenn Sie diese innere Einstellung auf den Tag jedes Mal mit einem angenehmen Ritual verbinden.

Gehen Sie zum Beispiel in dieser Zeit im Park spazieren (der Hund darf ruhig dabei sein), meditieren Sie vor einer Kerze, sprechen Sie dabei Ihr Morgengebet (falls Sie das sonst auch tun), machen Sie Tai Chi im Garten oder auf dem Balkon, tanzen Sie währenddessen zu Ihrer Lieblingsmusik, schauen Sie sich in diesen Minuten im Spiegel an und lächeln Sie sich zu ... – oder machen Sie es wie ein Teilnehmer meiner Seminare, ein Unternehmer, der sich allmorgendlich eine halbe Stunde dazu im Badezimmer einschließt (da hilft auch kein Rütteln der Familie an der Badezimmertür), auf dem Badewannenrand Platz nimmt und einfach nur gegen die Wand starrt. Das Gute daran: Anschließend kommt er fröhlich und aufgeräumt aus dem Bad, denn er hat sich innerlich einen klar definierten positiven Pfad geschaffen, auf dem er in den Tag starten kann.

Schaffen auch Sie sich einen solchen Pfad. Was für ein Ritual Sie am Morgen dabei auch bevorzugen – alles ist möglich. Die Hauptsache ist, Sie nutzen diese Zeit, um mit sich selbst ein Gespräch zu führen, sich zu sagen: »Ich möchte an diesem Tag nicht in negative Gedankenprogrammierungen zurückfallen« – »Ich möchte mich an diesem Tag selbst positiv beeinflussen«.

Nutzen Sie dazu die Zettel mit den Selbstermutigungs-Formeln, die Sie sich geschrieben oder inzwischen auswendig gelernt haben. Denn so profitieren Sie von einem Zusatznutzen: Sie haben nicht nur Ihre aufbauende Selbstbotschaft neu bestätigt, Sie lassen sich an diesem Tag auch weniger ärgern, sind nicht so leicht gestresst und nicht von unangenehmen Vorkommnissen aus dem Konzept zu bringen.

Abends:

Dasselbe am Abend: Sehen Sie auch dann zu, dass Sie sich einen Freiraum schaffen, der ganz Ihnen gehört. Sprechen Sie es vorher mit dem Ehe- oder Lebenspartner ab und regeln Sie es mit der Familie. Machen Sie den anderen verständlich, dass Sie diese Zeit brauchen, um abzuschalten, den Tag abzuschließen. Was immer Sie an diesem Tag am Arbeitsplatz oder sonst wo erlebt haben – Sie sollten es wieder mit einem Ritual zu einem positiven Ende bringen.

Schaffen Sie sich einen zeitlichen Spielraum, in dem Sie in sich gehen können. Betrachten Sie diese Zeit als eine Art »Selbstcheck«, ob Sie tagsüber tatsächlich auf dem positiven inneren Pfad gewandelt sind, den Sie sich am Morgen bereitet hatten. Prüfen Sie, wo Sie abgewichen sind, was das ausgelöst hat und wie Sie sich am nächsten Tag wieder auf den richtigen Weg bringen können.

Wählen Sie für diese »Nachbereitungszeit« ebenfalls ein kleines Ritual. Es darf auch ruhig ein wenig exzentrisch sein. Denn laut der Langzeitstudie eines englischen Arztes sind Menschen, die ein bisschen exzentrisch und spleenig sind, wesentlich gesünder als die meisten »normalen« Menschen. Woran das liegt, ist im Grunde nicht schwer zu erraten. Mit Sicherheit liegt es auch daran, dass exzentrische Menschen sich erlauben, ihre Persönlichkeit freier zu entfalten als andere. Sie kümmern sich einfach nicht darum, was andere Menschen über sie denken. Wenn es niemandem schadet und ihnen selbst gut tut, machen sie all das, wozu sie Lust haben, auch wenn es seltsam wirkt. Warum sollten wir es ihnen nicht gleichtun dürfen? Belassen Sie es deshalb nach Büroschluss und Stunden ernsthaft getaner Arbeit nicht bei einem kurzen Spaziergang um den Stadtweiher. Haben Sie den Mut und suchen Sie sich für diese Zeit etwas Verrückteres aus. Pflegen Sie ruhig einen Spleen. Denn das neutralisiert rasch Geist und Seele und bringt sie am schnellsten auf eine positive Wahrnehmungsebene zurück.

Und falls Sie jetzt denken, dass Sie beim besten Willen keinen Spleen bei sich entdecken können, so schaffen Sie sich einen an. Was es auch sei: Ob Sie sich abends Ihren grauen Anzug abstreifen, um dann zum Pinsel zu greifen und Farbe auf Leinwände zu klatschen, ob Sie in bequemen Latschen zum Hafen hinuntergehen und Schiffe zählen, ob Sie zum Besen greifen und den Wald sauber fegen, wie die Buddhisten es häufig machen, um sich innerlich von unguten Gedanken zu reinigen, ob Sie mit anderen herumalbern oder einfach nur die Wohnung aufräumen, weil es Ihnen Spaß macht und Sie auf diese Weise gleichzeitig Ihre Seele aufräumen – sehen Sie diese Zeit als sinnvollen Konzentrations- und Spielraum, sich selbst wieder zu begegnen. Und rufen Sie sich in diesen Minuten Ihre selbst geschaffene Positivformel ins Gedächtnis zurück, um sich von den negativen Fremdbotschaften des Tages zu reinigen.

Zelebrieren Sie diesen Reinigungsprozess, und legen Sie Wert darauf, dabei Ihre Persönlichkeit frei entfalten zu können. Tun Sie es also lieber mit Spleen als ohne. Denn »mit« lebt es sich besser und länger.

5. Lassen Sie sich nichts mehr einreden!

Die Gedanken kultivieren

»Achte auf deine Gedanken, sie werden zu Worten. Achte auf deine Worte, sie werden zu Taten. Achte auf deine Taten, sie werden zu deinem Charakter.« So lautet eine Volksweisheit, die es auf den Punkt bringt: Mit den Gedanken fängt alles an – mit den Gedanken hört alles auf.

Unsere Gedanken sind also oft Ursache und Wirkung zugleich. Sie können der Grund dafür sein, dass wir lustige Lachfältchen um die Augen haben und andere Menschen uns mögen. Sie können aber auch die Ursache für Magengeschwüre sein und dafür, dass wir keine rechte Freude an allem haben. Sie können die Triebfeder dafür sein, dass uns im Leben häufig Gutes widerfährt – eben weil wir die Einstellung haben, an allem etwas Gutes zu entdecken. Und sie können Impuls dafür sein, dass wir oft Unerfreuliches erfahren – gerade weil wir alles nach der Devise angehen: »Das wird sowieso nichts.«

Deshalb ist es auch so wichtig, dass Sie Ihre Gedanken immer wieder abfragen und nachbessern. Sie sollten »Stopp!« sagen, sobald Sie merken, dass Sie die alten negativen Botschaften wiederholen, die Ihnen nur schaden – seelisch oder körperlich. Und Sie sollten sie austauschen gegen neue und bessere Gedankenformeln, jene selbst gewählten Zauberworte, die Ihnen das Gefühl geben, ein wertvoller Mensch zu sein und ein erfülltes Leben zu führen. Denn sonst laufen Sie Gefahr, von negativen Gedankenprogrammen beherrscht zu bleiben und dem Kreislauf unschöner Ereignisse nicht entrinnen zu können. Über all das haben wir uns schon unterhalten.

Wie das zu schaffen ist, darüber haben wir auch gesprochen. Der erste Schritt ist die Selbsterkennung und damit verbunden das Auffinden jener Negativbotschaften, die unseren Kopf beherrschen. Der zweite ist das Umformulieren und Üben mit positiven Formeln, wie Sie es im vorangegangenen Kapitel kennengelernt haben. Nun liegt es an Ihnen: Finden Sie zu jenen guten Gedanken – zunächst in Form von Worten –, die dieses innere und äußere »Wunder« auslösen können, so werden Sie sich selbst und Ihr Leben von einer ganz neuen Seite kennenlernen.

Eine Möglichkeit haben wir auf den Seiten zuvor aufgezeigt. Machen Sie ein Ritual daraus, sich mit einer positiven Botschaft zu beschäftigen und damit den Tag zu beginnen oder abzuschließen.

So schaffen wir uns einen festen Termin: Wir trinken eine Tasse Tee oder gehen spazieren und konzentrieren uns bewusst auf Sätze wie etwa: »Dies ist ein Tag in meinem Leben, der kommt nicht mehr zurück. Ich möchte an diesem Tag nicht von meinem positiven Pfad abweichen, mich den Forderungen des Alltags voller Selbstvertrauen und Mut entgegenstellen und mich auf Lust programmieren statt auf Frust. Ich bin ein wertvoller Mensch. Ich bin eine starke und positive Persönlichkeit ...«

Auf diese Weise bringen wir unsere Wahrnehmung gezielt auf eine andere Ebene: Erstens beschneiden wir damit die alten, in uns bestehenden negativen Botschaften. Sie werden schwächer und beeinflussen uns viel weniger. Zweitens schaffen wir uns durch eine morgendliche oder abendliche Besinnungs- und Beschäftigungszeit mit erbaulichen Gedanken eine Pufferzone gegen Ärger und Stress und lassen uns nicht so leicht aus der Ruhe bringen.

Noch besser wäre natürlich, wenn der eben geschilderte Zustand permanent herrschen würde. Das würde eine dauerhafte Abwehr negativer Botschaften bedeuten. Darum geht es hier. Denn was als »Auszeit« im Alltag, als »Break« oder Meditation immer wieder erst hergestellt werden muss, ist nicht so haltbar wie etwas, was uns bereits in Fleisch und Blut übergegangen ist. Sie können sich das in etwa so vorstellen:

Ein normales Make-up müssen Sie jeden Morgen erneuern (und auch abends, wenn Sie nochmals ausgehen) – ein Permanent-Make-up nicht. Es bleibt an Ihnen haften, fast wie eine Tätowierung. Oder denken Sie an Ihren PC: Sie können Ihren Computer jeden Tag aufs Neue überprüfen, ob in den letzten 24 Stunden Viren in Ihre Dateien eingedrungen sind. Sie können aber auch, was heute üblich ist, ein spezielles Anti-Viren-Programm dafür aktivieren, das Ihnen diese Arbeit abnimmt. Es sieht Ihre Daten selbstständig daraufhin durch, ob Viren vorhanden sind. Ist das der Fall, macht das Programm sie unschädlich, bevor sie dazu übergehen können, die Daten Ihres Computers zu zerstören.

Mit diesem vorletzten Kapitel möchte ich Sie dazu animieren, nicht weniger und nicht mehr zu tun als die Software eines Computers. Schaffen auch Sie sich außer den kleinen Einheiten ein fortlaufendes gedankliches Prüfprogramm. Es wirkt gegen jene Art von Viren und Bazillen, die durch die Hintertür kommen und versuchen, Sie mit negativen Nachrichten zu infizieren und so Ihre frisch erworbenen positiven Gedankenprogramme wieder abstürzen zu lassen. Erlauben Sie das den Eindringlingen auf keinen Fall. Seien Sie auf solche Angriffe gut vorbereitet.

Dazu gehört im Grunde nicht mehr, als täglich eine Form der »Gedankenkultur« zu pflegen – ebenso, wie Sie täglich eine Esskultur pflegen. Sie essen mit Messer und Gabel, benutzen Servietten und stopfen nicht alles wahllos in sich hinein, sondern genießen Ihre Mahlzeiten mit Ruhe und Bedacht. Ebenso mit Bedacht sollten Sie bitte auch den Weg bis zur nächsten Ecke antreten, an der Freunde und Kollegen warten, Bekannte und Verwandte, Nachbarn und Vereinsmitglieder, Ihr Partner oder Ihre Partnerin.

Denn vielleicht haben alle diese Menschen, die Sie täglich treffen, an diesem Tag ein anderes Programm in sich, als ihre positiven Gedanken zu kultivieren. Vielleicht haben sie schlichtweg keine Lust dazu, sich groß vor mentalen Viren zu schützen, die ihnen eine positive Sicht auf sich selbst und das eigene Leben nehmen. Vielleicht mögen sie sich viel lieber ärgern oder über Kleinigkeiten herfallen, die neuen Stoff liefern, um sich negativ bestätigt zu fühlen. Das Dumme ist nur: Wenn Sie mit diesen Leuten in Kontakt kommen, kann es passieren, dass Sie davon angesteckt werden. Als Folge wären Sie an der konkreten Umsetzung Ihres Vorhabens gehindert – sich von negativen Lebensbotschaften zu befreien und an neuem Selbstvertrauen zu gewinnen. Dabei laufen Sie Gefahr, trotz Ihrer eben erreichten Motivation und Ihres Engagements wieder anfällig zu werden für alles, was Geist und Seele krank macht.

So lassen Sie sich nicht anstecken

Sehen wir uns deshalb die möglicherweise infrage kommenden Überträger dieser »Viren« einmal genauer an. Da stellen wir nicht selten fest:

Von den Menschen, die in unserer nächsten Umgebung leben – von dem Mann/der Frau, die wir lieben und mit dem/der wir täglich zusammen sind –, kommen die meisten Attacken auf unsere mentale Widerstandskraft. Es versteht sich von selbst, dass diese Angriffe meist ungewollt sind. Denn die, die uns nahestehen, haben mit Sicherheit nicht den Wunsch, uns das Leben schwer zu machen. Doch manchmal haben sie den Wunsch, dass wir uns nicht verändern. Oder sie sind ein bisschen eifersüchtig und haben Angst, uns zu verlieren.

In solchen Fällen kann es zu Gefühlsverwirrungen und -verirrungen kommen, die am Ende dazu führen, dass der, der vorher noch positiv gestimmt war, in seinem Seelenleben heftig angeknackst ist – so geschehen bei der sehr auf Harmonie bedachten Gina.

Fred und Gina sind ein frisch verliebtes Paar Anfang dreißig. Als sie sich trafen, hatte jeder von beiden eine Beziehung hinter sich, die mit Streit und ewigen Querelen gespickt war. Daher wünschen sich beide nichts mehr als eine harmonische Beziehung und einen Menschen an der Seite, der zu einem steht und einem Ruhe gibt.

Deshalb ging auch alles so schnell: Denn von dem Abend, an dem sie sich kennenlernten und ihre »Seelenverwandtschaft« feststellten, bis zu dem Tag, an dem sie eine gemeinsame Wohnung bezogen, vergingen keine drei Monate.

Sie kauften sich gemeinsam eine Wohnung in einem sanierten denkmalgeschützten Haus in der Altstadt, fanden eine intakte Hausgemeinschaft mit sympathischen Menschen vor und waren rundum glücklich mit ihrem neuen Lebensabschnitt. »Endlich ist wieder ein Mensch für mich da, der sich um mich sorgt, mich verwöhnt und den ich verwöhnen und umsorgen kann«, meinte Gina. »Endlich bin ich angekommen«, sagte Fred.

Kurze Zeit nach ihrem Einzug beschloss die Hausgemeinschaft, im Garten ein Hausfest zu veranstalten. »Da könnte man doch gleich die Neuen an uns schrullige Lehrer gewöhnen«, fand einer der Hausbewohner und meinte damit Fred und Gina, die zum einen jünger waren als die meisten der Eigentümergemeinschaft und zum anderen auch andere Berufe hatten. Denn Gina arbeitet im Marketing, ist ein sehr kommunikativer Typ: Sie findet schnell Kontakt zu Menschen und freundet sich mit allen an. Fred – von Beruf Bauingenieur – geht eher etwas skeptisch und zögernd auf Menschen zu und ist zurückhaltender und vorsichtiger.

Deshalb meint Fred wohl auch, Gina vor anderen beschützen zu müssen, und sagt ihr: »Pass auf, dass du nicht gleich wieder mit jedem per Du bist. In so einer Eigentümergemeinschaft gibt es auch mal Differenzen. Da müssen wir erst mal ausloten, wie die Verhältnisse sind. Und lass dich nicht gleich in irgendwelche Aktivitäten reinziehen und einspannen. Nachher sieht es dann so aus, dass wir noch die Mülltonne raustragen müssen und den Hof kehren, während die anderen sich einen schönen Lenz machen.«

Gina kennt Freds Skepsis. Sie weiß auch, sie hätten sich nie kennengelernt, wenn sie nicht den ersten Schritt unternommen hätte und auf ihn zugegangen wäre, auch wenn er zu Anfang etwas ablehnend reagiert hatte. Sie versucht ihn zu beruhigen und sagt: »O.k., keine Sorge, ich lasse mich nicht ausnutzen.« Außerdem beschließt sie aufzupassen, dass sie beide nicht nur zu Aufgaben herangezogen werden, zu denen die anderen keine Lust haben. Denn sie will mit Fred keinen Streit bloß wegen der Nachbarn.

Der Tag des Hausfestes kommt. Alle geben sich Mühe, damit es ein schöner Abend wird – kochen, backen, zelebrieren das Entkorken der Weinflaschen, freuen sich und begrüßen Fred und Gina mit großem Hallo. Etwas zögerlich setzen die beiden sich dazu, versuchen jedoch ebenfalls, freundlich zu sein und aufmerksam. Doch als dann irgendwann das Gespräch auf die Neugestaltung des Gartens kommt, die die Eigentümer gemeinschaftlich in Angriff nehmen möchten, und einer der Ältesten das Wort führt, werden sie deutlich stiller.

Ein Teich soll angelegt und eine Pergola gebaut werden, die viel Pflege verlangenden Rosenbeete beseitigt und dafür mehr Wiese zum Spielen für die Kinder und für Geburtstagsfeiern geschaffen werden. Die hässlichen Nischen unter den Balkonen wollen die Bewohner mit romantisch rankendem Wein verschönern und die Betonwände bei den Mülltonnen »irgendwie« anstreichen. Gina hat sogleich eine gute Idee: »Die könnte man ja mit bunten Motiven bemalen«, schlägt sie vor. »Ja, könnten Sie denn so was übernehmen?«, fragt eine

Nachbarin erfreut. Doch: »Achtung«, schießt es Gina durch den Kopf, »lass dich nicht gleich einspannen.« Also verneint sie und hält sich im weiteren Verlauf des Gespräches zurück. Fred, der ohnehin die ganze Zeit schweigend am Tisch sitzt, wirft Gina einen vielsagenden Blick zu. Und von da an werden die Fragen und freundlichen Kontaktversuche der Nachbarn eher einsilbig beantwortet. Das führt dazu, dass keine rechte Stimmung aufkommen will und Fred und Gina sich relativ früh verabschieden. Die Nachbarn sitzen noch bis tief in die Nacht im Garten zusammen. Sie sind sich einig: »Die Neugestaltung des Gartens müssen wir wohl allein in die Hand nehmen. Irgendwie scheinen uns die Neuen nicht sehr zu mögen.«

So läuft die gemeinschaftliche Verschönerungsaktion im Haus während der nächsten Monate gänzlich ohne Fred und Gina ab. Fast jedes Wochenende finden sich die Hausbewohner im Garten zusammen, trinken ein Glas miteinander, planen, vermessen, schachten aus und wachsen immer mehr zusammen. Fred stört das nicht. Er fühlt sich wohl in seinem Schneckenhaus. Und immer wenn Gina einmal wieder am Fenster steht, zusieht und davon anfängt, ob es nicht wohl doch besser wäre, hinunterzugehen und mitzumachen, sagt er: »Lass mal, wir brauchen kein Nachbarschaftsgeklüngel. Wir haben ja uns.«

Dabei merkt er überhaupt nicht, wie sehr Gina darunter leidet. Sie fühlt sich ausgeschlossen – ein Gefühl, das sie als Kind in der Schule auch häufig hatte. Denn weil ihr Vater nie länger als fünf Jahre in einer Stadt arbeitete, zog die Familie immer wieder um, und Gina fand nie richtig Anschluss an die bestehende Gemeinschaft von Schulkameraden.

Immer häufiger wünscht sie sich, sie könnte diesen ersten Abend noch einmal neu angehen und hilfsbereiter reagieren. Tagsüber in der Arbeit denkt sie an all dies nicht mehr. Doch sobald sie von der Arbeit nach Hause kommt oder die Stimmen der Nachbarn im Hausflur hört, die miteinander lachen und eine fröhliche Gemeinschaft bilden, ist dieses unangenehme Gefühl wieder da, das sie manchmal fast so traurig macht wie früher als Kind.

Und dann weint sie, ohne dass Fred es merkt. Und wünscht sich insgeheim, es klingelte jemand an der Tür, um zu fragen, ob sie nicht doch mitmachen möchte. Dann stellt sie sich vor, wie sie sofort losstürmen und Fred oben sitzen lassen würde, denn als kreative, praktisch veranlagte Frau würde ihr die Arbeit viel Spaß machen und dann wäre sie endlich dabei und nicht mehr außen vor. Doch es klingelt keiner.

Beeinflussen lassen: »Ja«, funktionalisieren lassen: »Nein«

Partnerschaft und Beruf unter einen Hut zu bringen ist oft eine Anforderung, die verlangt, sich selbst zurückzustellen, besonders wenn auch noch Kinder da sind. Doch was zeitweise akzeptierbar ist, darf kein Dauerzustand werden. Wir müssen uns davor bewahren, dass die Menschen, die wir lieben, uns unbeabsichtigt dazu verleiten, uns selbst ungünstig zu programmieren. Deshalb ist es notwendig, eine Balance zu finden zwischen sich selbst und den anderen.

Ob frisch verliebt wie im Beispiel von Fred und Gina oder schon lange zusammen – es ist eine schwierige Aufgabe, darauf zu achten, dass zwischen dem »Ich« und dem, was der Mensch an unserer Seite für sich benötigt, eine positive Balance herrscht. Diese Aufgabe sollten wir viel ernster nehmen, als wir das gemeinhin tun. Denn wir wollen ja der Gefahr vorbeugen, dass wir mit negativen Lebensbotschaften angesteckt werden, damit wir uns nicht wieder auf eine ungünstige Bahn ziehen lassen. Deshalb müssen wir hier ansetzen, Gedankenkultur zu praktizieren – am besten gemeinsam mit dem Partner. Im Lebensbereich von Ehe und Partnerschaft sind wir am meisten berührbar und verführbar für neues negatives Gedankengut.

Sicher haben Sie das selbst auch schon erlebt. Sie lernen einen Menschen kennen und lieben und auf einmal sagen und tun Sie Dinge, die Sie vorher nie gesagt und getan haben. Und Ihre besten Freunde können nur mit Unverständnis, aber auch mit Wohlwollen feststellen: »Schön, dass Ihr zwei euch gefunden habt.« Doch was am Anfang manchmal aussieht wie eine Wandlung mit positiven Auswirkungen, kann mit der Zeit umschlagen. In der Anfangsphase haben Sie an sich selbst bemerkt, dass der neue Mensch in Ihrem Leben die Ursache dafür ist, dass Sie aufblühen wie eine Blume und von innen her leuchten wie ein Stern. In einer späteren, der Gewöhnungsphase, kann es dazu kommen, dass man seine Verbundenheit nur noch über neu eingeführte schlechte Gewohnheiten signalisiert. Es gibt nicht wenige Paare, die gewohnheitsmäßig abends über die negativen Erlebnisse des Tages herziehen oder die Leute unter Beschuss nehmen, die sie nicht sonderlich mögen – den Chef oder die Kollegin, den Nachbarn oder die Gemüsefrau.

Und genau hier sitzt die Gefahr, die ich meine. Legen Sie sich auch in Ehe und Partnerschaft einen Schutzschild gegen »Viren« zu, die durch Gewöhnung oder schlimmstenfalls Entfremdung mit ins Spiel kommen. Machen Sie sich klar, dass die kleinen negativen Geschichten und Schlussfolgerungen, mit denen Sie sich möglicherweise täglich gegenseitig konfrontieren, keinen guten Einfluss haben. »Stell dir vor, was schon wieder passiert ist ...«, »Schau dir an, was dieser Idiot da schon wieder macht ...«, »Ich lass mich doch nicht dauernd verarschen ...«, »Sollen die doch ihren Kram allein machen ...«, »Dann hab ich dem zuerst mal so richtig meine Meinung gesagt ...« etc. Erkennen Sie, dass eine Konversation, die vorrangig von derartigen Äußerungen geprägt ist, das Gegenteil von Gedankenkultur bedeutet. Denn das ist nichts anders als »Gedankenrohheit«, auch wenn dieses Wort fremd und ungebräuchlich klingt.

Mag ja sein, dass sich dieser Warnhinweis erübrigt. Betrachten Sie das soeben Gesagte bitte als gegenstandslos, wenn Sie in einer Beziehung leben, in der Sie anders miteinander umgehen. Ich hoffe für Sie, dass Sie sich viel häufiger etwas Erbauliches vom Tag zu berichten wissen, als, wie es weit verbreitet ist, das negative Bestätigungsritual beim Abendessen durchzuführen. Falls Sie jedoch denken, dass die Atmosphäre auch bei Ihnen zu Hause nicht immer freundlich ist, überlegen sie noch heute, wie Sie dazu beitragen können, sie freundlicher zu machen. Denn was nützt es, sich selbst und das eigene Denkprogramm in eine positive, optimistische Richtung verändern zu wollen, wenn der Mensch, mit dem wir zusammenleben, dagegensteuert. Am besten fangen Sie noch heute damit an, nicht nur sich, sondern auch Ihrem Partner eine ersprießliche Alternative aufzuzeigen.

Tipp: *Gleichen Sie positiv aus. Falls Ihr Partner Ihnen mitteilen will, was Frau A. wieder Gemeines zu Herrn B. gesagt und was Herr B. anschließend Frau A. scharfzüngig zurückgegeben hat, so stellen Sie Ihre Ohren auf Durchzug. Nicht etwa, weil Sie Ihren Partner nicht ernst nehmen oder ihm nicht zuhören wollen, sondern weil Sie sich darauf konzentrieren sollen, als Nächstes etwas Erfreuliches zu erzählen – und scheint es im Vergleich zum vorher Gesagten auch noch so belanglos. Warum berichten Sie nicht vom Nachwuchs im Tierpark, den putzigen Elch-Zwillingen auf wackeligen Beinen oder dem Foto einer Entenfamilie mit flauschigen Küken in der Tageszeitung. Wenn Sie den Tag über danach Ausschau halten, findet sich sicherlich die eine oder andere muntere Begebenheit, die es wert ist, ein Wort darüber zu verlieren. Sammeln Sie sie. Haben Sie sie parat und bringen Sie sie an. Wichtig: Verzichten Sie auch selbst darauf, vom Ärgernis im Supermarkt oder in der Autowaschstraße zu berichten. Lassen Sie es einfach weg. So arbeiten Sie bewusst daran, eine gemeinschaftliche Atmosphäre zu schaffen, in der positive Lebensbotschaften aufwachsen und stark werden können.*

Wenn Sie jedoch einsehen müssen, dass Ihr Partner solchen Veränderungsversuchen nicht zugetan ist und er oder sie den Ball nicht annimmt, den Sie versuchen zuzuspielen, so sollten Sie sich auch nicht davor scheuen, sich auseinanderzusetzen. Denn auch wenn vorübergehend die Harmonie dadurch gestört wird – am Ende bleibt ihnen nur diese eine Chance. Sie wollen sich ja lieber positiv denkend entfalten, als in negativen Gedanken verfangen zu bleiben. Und wie wir am Fallbeispiel von Fred und Gina sahen, sind Streitvermeidung und Harmoniesucht keine geeigneten Mittel, sein Leben in positiver Weise zu ändern. Vor allem bergen sie die Gefahr, dass ein Partner sich aus falsch verstandener Hingabe an den anderen in etwas hineinziehen lässt, das seinem eigentlichen Wesen überhaupt nicht entspricht.

Damit wir uns nicht missverstehen: Es ist keineswegs etwas dagegen zu sagen, sich vom Ehe- oder Lebenspartner beeinflussen zu lassen oder auch »eins« mit ihm zu werden. Doch lassen Sie sich nicht verbiegen und auch nicht funktionalisieren. Denn das führt leicht dazu, dass Sie wieder zurückgezogen werden – in die negative Spirale eines niedrigen Selbstwertgefühls und unangenehmer Gefühle und Ereignisse.

So lassen Sie sich nicht runterziehen

Lassen Sie sich auch nicht »runterziehen«. Damit meine ich: Hüten Sie sich vor Menschen, die nichts Besseres zu tun haben, als Ihnen ihre Negativität aufzubürden und aufzuschwätzen. Ob der neueste Büroklatsch, die beste Freundin und ihre nie enden wollenden Missgeschicke mit Männern oder der Pförtner mit seinen endlosen Monologen zum Thema »Die Welt ist schlecht« – Tratschtanten und Schwarzseher begegnen uns auf Schritt und Tritt.

Denn jeder hat Kollegen oder Nachbarn, die ihm unerwünschte Unterhaltungen aufzwingen. Sie nerven am Telefon, sie kommen als Gäste, sie gehören zum engsten Kreis der Familie, zum Freundeskreis und zur Firma, in der wir arbeiten. Das macht sie nicht nur zu einem Stressfaktor. Wenn wir nicht aufpassen, gelingt es solchen Menschen auch, unsere mit Mühe selbst aufgebaute positive Einstellung für den Tag wieder zunichtezumachen. Da dies in der Regel nicht offensichtlich, sondern ganz nebenbei geschieht und wir dadurch gar nicht wahrnehmen, was da mit uns passiert, hier eine kleine Typologie derjenigen, vor denen wir uns in Acht nehmen sollten.

Die beste Freundin, der beste Freund

Da hätten wir zum Beispiel den Typ »Alleinunterhalter«. Er oder sie gehören zur Gattung derer, die stets nur sich selbst sehen und gern im Mittelpunkt stehen. Man trifft sie im Büro, wo sie nicht selten darauf konzentriert sind, Anekdoten über den letzten Urlaub oder Kneipenbesuch zu erzählen. Dabei verstehen sie es oft, alle Umstehenden in eine negative Stimmung hineinzujammern. Aber auch als Freundin oder Freund sind sie dafür prädestiniert, uns mit Negativbotschaften zu befrachten. Denn prüft man den Gehalt eines solchen Gespräches genauer, so stellt man nicht selten fest: Es geht dem »Alleinunterhalter« vor allem darum, das schwere Los zu beklagen, das er angeblich gezogen hat. Es geht um den morgendlichen Stau, der mal wieder die Hölle war, um die miesen Arbeitsbedingungen, unter denen man zu leiden hat, die horrenden Lebensmittelpreise, um den Ärger zu Hause – ja, mit Vorliebe um den Ehe- oder Lebenspartner, der nur noch zur

Fernbedienung greift und sich gehen lässt etc. Und so trifft man sich nachmittags im Café oder abends im Fitnessstudio und beim Sahnetörtchen bzw. Training quillt alles aus dem »Alleinunterhalter« heraus, was es an seiner Situation zu beklagen gibt.

Ist Ihnen in solchen Gesprächen schon einmal aufgefallen, dass Sie dabei eigentlich nur die Rolle desjenigen übernehmen, der sich das alles »reinziehen« soll und dabei auch »runtergezogen« wird? Achten Sie einmal darauf: Sie und Ihre eigenen Probleme kommen in der Regel gar nicht vor – werden gar nicht abgefragt. Denen, die uns als brave Zuhörer missbrauchen, ist vor allem daran gelegen, dass man sie bestätigt darin, wie schlecht es ihnen geht. Haben sie das erreicht, indem wir ihnen zugehört und genickt haben, geht es ihnen besser und sie ziehen von dannen. Zurück bleiben nicht selten wir sensible Seelen; wir fühlen uns ermattet, ausgelaugt und ausgehöhlt und benötigen selbst als Nächstes einen Menschen, der uns wieder aufbaut.

Sehr treffend hat das Steven Appleby in einem Cartoon in der Frankfurter Allgemeinen Zeitung wiedergegeben, den ich mir aufgehoben habe. Dort sieht man zwei Menschen. Der eine hat offensichtlich gute Laune und in einer Sprechblase über seinem Kopf steht: »Tralala, hüpf, hops, spring«. Der andere hat eindeutig miese Laune. Er kommt schon geknickt des Weges, steuert auf den Gutgelaunten zu und beginnt, ihn mit einem Redeschwall aus: »Sieht nach Regen aus ... Das Geld wird knapper ... Die Welt geht vor die Hunde ... Ich muss vom tragischen Tod einer lebenslustigen Bekannten erzählen« richtiggehend niederzuquasseln. Nachdem er damit fertig ist, zieht er erleichtert davon und pfeift fröhlich ein Lied. Zurück bleibt der, auf den diese negative Tirade abgelassen wurde. Vornübergebeugt und trübsinnig zieht er schwer beladen seiner Wege, und von der ehemals gute Laune ist nichts mehr übrig.

Wer redet, führt!

»Alleinunterhalter«, seien es Freunde, Verwandte oder Kollegen, sind in der Regel recht unsichere und verletzliche Menschen. Dennoch vertragen sie es durchaus, wenn Sie sich einmal das Recht nehmen, nicht zuzuhören oder gar den Wortschwall gezielt zu unterbrechen. Tun Sie das, wenn Ihnen der Sinn nicht danach steht, sich die Geschichten vom vermeintlich benachteiligten Leben anzuhören.

Daher dies als Tipp: Unterbrechen Sie den Redefluss des anderen. Am besten gelingt das mit einem kleinen Lob – denn so wirkt es nicht kränkend. Dann sollten Sie, statt zuzuhören, ruhig ein, zwei Male ernsthaft nachfragen. Das hat mehrere positive Effekte: Erstens demonstrieren Sie Ihre Beteiligung. Zweitens bewahren Sie sich vor der kommenden Negativflut und schaffen sich so die Chance, zur Abwechslung auch etwas Positives zu hören. Falls dies aber alles nichts nützt und Ihr Gegenüber weiterhin stur seine Lieblingsthemen abhandelt – vom unausstehlichen Chef, Ehemann, Freund oder Geliebten – und partout nicht aufhört mit: »Stell dir vor, was er gestern wieder getan, gesagt, sich erlaubt, sich rausgenommen hat …«, sollten Sie sich mit einer Entschuldigung verabschieden. Oder hören Sie einfach weg, und überlegen Sie sich in dieser Zeit Ihren Einkaufszettel oder etwas ähnlich Sinnvolles und Praktisches.

Die Hauptsache ist: Sie lassen sich nicht wirklich darauf

ein, dass der andere Sie zu seinem Kummerkasten macht. Denn damit ist niemandem geholfen. Am wenigsten Ihnen. Durchbrechen Sie also den Schwall von Klagen, den man Ihnen – wahrscheinlich gerade Ihnen – gerne vorhält. Erheben Sie sich über diese Mauer. Schaffen Sie sich dadurch, dass Sie den anderen unterbrechen und selbst auch reden, einen Aussichtsturm auf die positiven Inhalte, die Sie für Ihr Leben als sinnvoll und wichtig erachten.

Haben Sie keine Bedenken, dass Sie auf diese Weise egoistisch oder egozentrisch werden könnten. Fragen Sie sich einmal selbst, warum Ihre Freundin sich nicht längst von ihrem Liebsten getrennt hat. Oder weshalb der ständig jammernde Kollege nicht längst eine neue Stelle angetreten hat, wenn ihm alles so zuwider ist. Die Wahrheit ist: In vielen Fällen sind negative »Alleinunterhalter« dieser Couleur überhaupt nicht daran interessiert, etwas zu verändern. Sie sehen es nur als ihr gutes Recht an, anderen Menschen ihre unangenehmen Gefühle und Erfahrungen aufzubürden. Deshalb handeln Sie auch in keiner Weise gegen den anderen, wenn Sie im Gegenzug dazu ebenfalls eigennützig handeln. Das tun Sie, wenn Sie von Ihrem Recht Gebrauch machen, Geist und Seele mit etwas Erbaulichem zu konfrontieren. Lassen Sie sich beim Gespräch nicht vom anderen führen, führen Sie das Gespräch und damit den anderen.

Sich positiv abgrenzen in Verwandtschaft und Bekanntschaft

Ähnliches gilt für den Umgang mit negativen Themen innerhalb des Umfeldes aus Verwandtschaft und Bekanntschaft. Denn hier trifft man mit Vorliebe auf die Spezies der »Tratschtanten und Phrasendrescher«. Deren Lieblingsthemen sind gescheiterte Beziehungen, Krankheiten und die beruflichen Krisen anderer. Sie laufen zur Hochform auf, wenn es um unschöne Aspekte im Leben anderer geht, und möchten doch nichts lieber, als alle und jeden in den Sumpf negativer Berichterstattung hinunterziehen.

Wie das klingt, wissen wir alle – häufig ungefähr so: »Onkel Christian trinkt wieder zu viel«, »Das Kostüm von Lena ist einfach unmöglich«, »Also, dass der Junge bei der Kommunion keinen richtigen Anzug anhat«, »Rot gefärbte Haare – dabei war das mal so ein hübsches Kind. Dass die Ulla das zulässt«, »Was schleppt die Linda denn da für einen Kerl an«, »Typisch, die kommen nie auf einen grünen Zweig«, »5000 Euro im Monat, und die Kinder laufen in Schlabberhosen herum«, »So eine Rabenmutter«, »So ein Versager«, »Was die an dem findet«, »Kein Wunder, dass ihr der Mann davongelaufen ist ...«.

Familientreffen und Festtage sind für diese Spezies wie das Wasserloch in der Savanne, um das die Tiere sich scharen, um ihren Durst zu stillen. Hier können sie sich auffüllen und volltanken mit neuem Klatsch. Und oft führt allein der Neid hier die Regie – selbst in glücklichen Verhältnissen lässt sich das Haar in der Suppe entdecken. Lesen Sie dazu den Fall von Christine:

Christine ist Anfang vierzig. Sie ist Lektorin in einem Verlag, von kräftiger Statur und ein lebensfroher Mensch. Beruflich hat sie erreicht, was sie sich immer gewünscht hat: den Umgang mit Autoren, interessanten Stoffen und guten Manuskripten. »So ein Buch zu machen, ist wie ein Kind zur Welt zu bringen«, sagt sie, die selbst keine Kinder hat. Da sie fast immer gute Laune hat und für jedes Wehwehchen der anderen ein offenes Ohr, ist sie bei den meisten ihrer Kolleginnen und Kollegen sehr geschätzt und gilt als die gute Seele des Hauses. Nur privat hat Christine kein Glück. Die langjährige Beziehung mit einem Schauspieler nahm ein tragisches Ende. Er starb mit 35 Jahren an einem Gehirntumor, und sie mochte sich seitdem nicht mehr auf einen neuen Menschen einlassen. Aus diesem Grund wurde Christine bei Familientreffen auch immer von den Geschwistern, die allesamt in geordneten Beziehungen lebten, ein bisschen mitleidig angeschaut – nach dem Motto: »Die Arme! Hat keinen Mann, ist ziemlich dick, was hat die schon noch vom Leben zu erwarten.« »Vor allem an Weihnachten, wenn die Familie zusammenkommt und alle so tun, als führten sie eine glückliche Ehe, gab man mir immer das Gefühl, aussätzig zu sein«, sagt Christine. »Dann fuhr ich nach den Festtagen nach Hamburg in meine Wohnung zurück und brauchte erst mal vier Tage, um mich von diesem miesen Selbstwertgefühl wieder zu erholen«, fügt sie hinzu.

Doch dann passiert etwas. Statt wie gewöhnlich ihren Urlaub in der Toskana zu verbringen, hatte Christine sich für einen Last-Minute-Trip in die Karibik entschieden. Und ohne es darauf angelegt zu haben, lernt sie Alphonse, einen farbigen Musiker, kennen, der zwischen Deutschland und Jamaika pendelt. Sie verliebt sich in ihn, und wenige Wochen, nachdem sie aus dem Urlaub zurück ist, folgt er ihr nach und zieht bei ihr ein. Doch lassen wir Christine den Rest selbst erzählen.

»Sie können sich nicht vorstellen, was da bei uns zu Hause los war. Meine konservativen Eltern und Großeltern, meine ach so seriösen Geschwister – alle waren aufgebracht. Fast täglich kam ein neuer Anruf mit despektierlichen Äußerungen«, berichtet sie. Und: »Ich, der auf einmal der glücklichste Mensch unter der Sonne war, wurde angegiftet bis zum Gehtnichtmehr. Wie ich mich denn mit ›so einem‹ einlassen könne? Ob ich ›den‹ etwa heiraten wolle? Wie das denn mit meiner beruflichen Stellung zu vereinbaren sei? Was denn die Leute dazu sagen sollten? Und so weiter und so fort.

Es fehlte nicht viel, und meine Verwandtschaft hätte es geschafft, alles kaputtzumachen. Denn Alphonse bekam die Ablehnung ja auch zu spüren, und fast hätten wir uns getrennt. Doch dann verhängte ich eine ›Nachrichtensperre‹. Kam mal wieder so ein Anruf aus der erbosten Ecke, habe ich sofort behauptet, keine Zeit zu haben, und habe den Hörer aufgelegt. Zudem habe ich uns beiden ein positives Gegenprogramm verordnet. Wir sind nur noch mit Leuten ausgegangen, die auf unserer Seite waren, haben Konzerte besucht, auf denen viele Farbige waren, und ich sprach nur noch über meinen Bruder, der mir gewogen war, zu meinen Eltern. Und siehe da: Nach einigen Monaten änderte sich die familiäre Schieflage. Ich weiß gar nicht mehr genau, wer da den Anfang gemacht hat, doch plötzlich wurden die Parolen mir gegenüber wieder freundlicher und offener für Gespräche. Wahrscheinlich, weil sie auch gemerkt haben, wie heftig sie sich in mein Leben eingemischt hatten und wie sehr ich daraufhin die Schotten dicht gemacht hatte.

Heute sitzt Alphonse beim weihnachtlichen Familienfest mit am Tisch. Und manchmal, wenn er Lust dazu hat, macht er nach dem Essen ein bisschen Musik. Und alle hören zu und klatschen Beifall.«

Seien Sie nicht weniger konsequent. Schaffen auch Sie sich ein Bollwerk gegen die negative Beeinflussung von Verwandten und Bekannten. Falls diese nichts anderes im Sinn haben, als an Ihrem Leben negativ Anteil zu nehmen, sollten Sie sich aus der negativen Ansteckungszone herausziehen. Denn wie sollen Sie sonst den Weg neuer positiver Selbstbotschaften gehen können und Ihren Fähigkeiten und Möglichkeiten entsprechend leben?

Setzen Sie sich also auf konstruktive Weise zur Wehr, indem Sie sich abschirmen. Ansonsten besteht die Gefahr, dass Sie selbst den Überblick verlieren und von den negativen »Viren« angesteckt werden. Suchen Sie lieber bewusst das Positive, den Spaß und den Austausch mit Gleichgesinnten. Hören Sie sich die alten, negativen Geschichten einfach nicht mehr an – seien sie aus Neid, aus Missgunst oder schlicht aus einem Mangel an Toleranz und Lebenserfahrung heraus an Sie gerichtet. Lassen Sie die Gift sprühenden Verwandten links liegen – so lange, bis ein Gespräch auf konstruktiver Ebene wieder möglich wird; so lange, bis Sie sich darin gefestigt haben, Ihr Leben positiv zu ordnen.

Ein weiterer Tipp für solche Situationen: Wenn Sie nicht vorzeitig den Hörer auflegen möchten oder vorübergehend eine Nachrichtensperre verhängen können wie Christine, so versuchen Sie es zuerst immer mit Humor. »Humor ist der Knopf, der verhindert, dass uns der Kragen platzt«, hat der Dichter Joachim Ringelnatz einmal gesagt, und er hat recht. Denn wenn Menschen uns belehren oder angreifen, mit denen wir emotional verwoben sind, so schafft das Nicht-ernst-Nehmen stets eine gewisse Distanz, einen Abstand und eine Pufferzone. Sie erhalten dadurch die Möglichkeit, sich innerlich ein Stück vom anderen zu entfernen, und können so Ihren Blick weg von schlechten zu den erfreulichen Dingen schwenken. Hilft Humor nicht, so versuchen Sie es mit etwas Ironie: »Ich finde es schön, wie ihr euch alle um meine Probleme kümmert – bei anderen würde man das glatt als Lästerei auffassen.« Oder: »Wäret ihr nicht meine Familie, man könnte meinen, ihr wäret die Schauspieler in einer von diesen billigen Familienserien im Nachmittagsfernsehen.«

Ob Sie sich für die Nachrichtensperre entscheiden oder die innerliche Pufferzone wählen mit einem Gemisch aus Humor und Ironie – Hauptsache, Sie reagieren auf das Getratsche nicht so, dass es Sie stimmungsmäßig wieder unter den Tisch zieht. Denn dann wäre erreicht, was Tratschtanten gerne hätten, seien sie aus der eigenen Verwandtschaft oder Freunde: Sie möchten, dass Sie einer von ihnen werden. Vielleicht möchten sie auch, dass Sie mitmachen und ebenfalls dazu übergehen, über andere herzuziehen. Vielleicht spotten sie auch über Sie und belächeln, dass Sie »sich so furchtbar positiv geben«. Vergessen Sie sich deshalb niemals zu fragen, was Sie möchten und wie Sie in Zukunft Ihr Leben gestalten wollen. Und bewahren Sie sich Ihre geistig-seelische Programmierung auf das Gute.

Verbitterten Menschen bejahend entgegentreten

Während wir um die einen zeitweise einen Bogen machen können, können wir anderen nur schlecht ausweichen. Denn wenn der Nachbar an unsere Tür klopft, der Hausmeister etwas reparieren muss, der Pförtner uns die Schlüssel zum Büro reicht oder wir zum Taxifahrer ins Auto steigen, sind wir diesen Menschen ausgesetzt. Doch im Unterschied zu denen, die uns emotional nahestehen (wie etwa unsere Familie) und die uns daher auch viel eher verletzen können, ist die Ansteckungsgefahr mit Negativbotschaften bei Menschen, mit denen uns nichts verbindet, relativ gering. Manchmal allerdings haben auch sie eine Macht, die sie eher unbewusst als bewusst auszuüben versuchen. Und dann heißt es wieder aufpassen: So wie bei Herrn Meier, dem Mann mit dem Werkzeugkasten.

Er ist Frühpensionär, kriegsbeschädigt, lebt von einer kleinen Rente und in dem Gefühl, dass sich die ganze Welt gegen ihn verschworen hat. Der Hausmeisterjob, der ihm einen regelmäßigen Zuverdienst einbringt, macht ihm viel Mühe und Ärger. Vor allem die Kinder verüben hinter seinem Rücken ständig Streiche: Klappern mit den Mülltonnendeckeln, bemalen das Pflaster mit Straßenkreide, laufen über den Rasen und werfen Sand aus dem Sandkasten.

Voller Verbitterung denkt er an seine eigene karge Kinderzeit, die geprägt war von Angst gegenüber Respektspersonen: »So etwas hätten wir uns früher nicht erlauben dürfen. Da herrschten noch Zucht und Ord-

nung. Aber die Eltern heute wissen ja selber nicht mehr, wie man sich benimmt. Ist auch kein Wunder, bei den Schulen. Da wird mehr rumgebummelt als Lesen und Schreiben gelernt. Und alles auf unsere Kosten. Jahrelang studieren und demonstrieren sie. Und danach gehen sie zum Staat und leben weiter auf unsere Kosten, die Herren Studenten und Beamten und Minister. Ein ordentliches Handwerk will heute ja keiner mehr lernen. Uns hat man damals gar nicht gefragt. Ich musste in die Fabrik, da wurde noch gearbeitet fürs Geld. Das war kein Zuckerschlecken, aber aus uns ist was Ordentliches geworden. Aber heute gibt's keinen Benimm mehr und keine Regeln: nachts die Tür nicht zusperren, am Samstag den Hausflur nicht wischen, und abends wildfremde Leute ins Haus lassen. Alles verkommt. Nichts hat mehr Wert.«

Menschen wie Herr Meier haben hierzulande enorm viele Brüder im Geiste. Und alle tragen ungefragt und ungewollt die gleichen Themen vor: Da wird über Arbeitslose hergezogen, über die Sozialhilfeempfänger, über Mütter, die ihre Kinder allein erziehen und deshalb als »Emanzen« beschimpft werden, über die Jugend von heute, die keinen Anstand und keine Moral mehr kennt, über die Nachbarn von oben, die den Balkon nicht pflegen, über den Staat und die Herren Politiker. Ich denke, während Sie das lesen, fallen Ihnen gewiss sofort einige solcher Zeitgenossen ein. Wenn Sie heute früh im Zug gesessen sind, wurden Sie sicher unfreiwillig Zeuge von Gesprächsthemen dieser Art, ebenso beim Gemüsehändler und an der Bushaltestelle.

Wie sehr Ihnen diese sehr einseitige Weltsicht solcher Leute auch manchmal auf die Nerven gehen mag – halten Sie sich immer vor Augen, dass diese Menschen verbittert sind. Sie tragen sich meistens selbst etwas nach, das ihnen in diesem Leben nicht geglückt ist. Oder sie beklagen sich, dass sie das Leben ihrer Meinung nach in diesem oder jenem Punkt schlechter behandelt hat als die anderen. Deshalb verfügen sie oft über große Minderwertigkeitskomplexe. Damit wecken sie unser Mitleid. Doch möchte ich Ihnen den Rat erteilen: Halten Sie sich mit dem Mitleid gegenüber Menschen, die ihr »schweres Los« voller Selbstmitleid zur Schau tragen, nicht zu lange auf. Sonst können auch Sie leicht zum Mit-Leidenden werden, ohne dass damit etwas positiv verändert würde. Stellen Sie daher Ihre Ohren auf Durchzug. Hören Sie scheinbar zu, aber hören Sie nicht hin. Oder aber Sie tun Folgendes:

Tipp: *Wenn Sie vom Naturell her ein kommunikativer Mensch sind, verblüffen Sie diese Menschen mit einer veränderten Sichtweise: Erwidern Sie jeden Negativsatz mit einem Positivsatz wie etwa: »Aber die Pflasterbilder der Kinder sind doch schön, und der Regen wäscht sie von ganz allein wieder weg«, oder: »Sie haben doch auch schon eine Währungsreform hinter sich, genauso ist das mit dem Euro – die Menschen müssen sich erst an die neue Währung gewöhnen, dann geht es auch wieder aufwärts«, oder: »Sehen Sie doch nicht alles so schwarz – schauen Sie mal da, Herr Meier, die schönen Rosen. Ich wünsche Ihnen noch einen ganz tollen Tag, bis morgen.«*

Verblüffen Sie verbitterte Personen mit ein wenig verbalem Sonnenschein. Das ist der beste Selbstschutz gegen die Infektion mit Negativgerede. Das mag auf den ersten Blick aufwändig und mühevoll erscheinen, ist aber auf die Dauer wesentlich gesünder, als sich dem Geschwätz hinzugeben oder unruhig auf eine Fluchtmöglichkeit zu warten. Vor allem hat die positive Gegenrede einen Zusatzeffekt: Sie selbst steigen besser gelaunt aus dem Taxi. Sie schließen die Bürotür fröhlicher auf oder sagen zu Ihrem Nachbarn mit einem Stückchen mehr Seelenfrieden »Auf Wiedersehen«, als wenn Sie sich von der abgeladenen Gewitterwolke des anderen hätten kräftig nass machen lassen.

So lassen Sie sich im Berufsalltag nicht reinziehen

Komplizierter wird der Fall, wenn Sie am Arbeitsplatz ständig Menschen ausgesetzt sind, die gerne negative Gedanken verbreiten und Sprüche klopfen, die das Betriebsklima vergiften.

Denn sie behindern nicht nur die Teamarbeit, sondern mindern auch das Leistungsniveau eines Unternehmens. Sich nicht davon anstecken und hineinziehen zu lassen ist zuweilen schwierig. Denn vielerorts entsteht geradezu ein Gruppendruck, über Kollegen, Vorgesetzte, Kunden und Produkte herzuziehen: »Die Idioten von der Produktion, wenn die nur einmal mitdenken würden«, »Der Chef hat leicht reden, der hat ja keine Ahnung, was hier vor Ort abgeht«, »Wofür haben wir eigentlich eine Service-Hotline, wenn immer belegt ist, wenn man jemanden braucht«,

»Die Vorzimmer-Mieze hat ihren Kopf auch nur zum Haarewaschen«, »O Gott, der schon wieder! Wenn ich seine Nummer schon auf dem Display sehe, kriege ich Ausschlag«, »Du weißt schon, die Aufgestylte aus dem Marketing: Nix in der Birne, aber einen kurzen Rock«, »Ja klappt denn hier irgendwas? Manchmal frage ich mich, wie diese Firma Geld verdient!«

Bisweilen führt es auch dazu, dass diejenigen heftig Schelte bekommen, die nur in bester Absicht gehandelt haben – so wie Udo:

Udo ist ein frischgebackener Unternehmensberater, gerade dreißig. Entsprechend hat er noch um Aufträge zu kämpfen. Als er eines Tages Tom kennenlernt, freut er sich. Denn er findet ihn nicht nur sympathisch, er könnte auch »Türöffner« für neue Aufträge sein. Tom arbeitet in einem privat geförderten Kulturinstitut. Er ist dort Geschäftsführer, fünfzig Jahre alt und »Mädchen für alles«, was ihm nicht sonderlich gefällt. Da Tom zu Udo gleich einen guten Draht hat und er sich auch für dessen Arbeit interessiert, setzt er sich dafür ein, dass Udo einen Beratungsauftrag erhält.

Udo ist froh und geht mit viel Engagement ans Werk. Er führt Seminare durch, in denen Mitarbeiter geschult werden, er überarbeitet Organisationsabläufe, entwirft Konzepte für eine bessere Akquise. Tom ist stets mit dabei. Und auch privat verbringen die beiden so manche Stunde und duzen sich bald.

So vergehen Wochen. Am Tag wird der Auftrag abgewickelt. Abends sitzt man noch auf ein Bier zusammen. Immer häufiger erzählt Tom, wie sehr ihm sein Job

»stinkt« und dass ihn sein Chef mies behandelt. Dann trinkt er zu viel und bemitleidet sich selbst: »Ich bin wirklich ein armes Schwein. Ich schmeiß den ganzen Laden hier allein, aber man behandelt mich wie Dreck. Aber was soll ich denn machen? Kündigen kann ich vergessen! Wer stellt heute noch einen Fünfzigjährigen ein? Wenn du eine andere Stelle wüsstest – lieber heute als morgen würde ich wechseln.«

Udo fühlt sich Tom gegenüber verpflichtet. Hat er doch dafür gesorgt, dass er den dringend nötigen Auftrag bekam. Doch erregt Tom auch sein Mitleid. Inzwischen denkt auch er, dass Tom unter unerträglichen Bedingungen arbeitet, und beschließt, mit dessen Chef zu reden.

Toms Chef jedoch hat für dieses Thema kein offenes Ohr. Er gibt Udo rasch zu verstehen, dass es nicht zu seinem Auftrag gehöre, sich um Toms Belange zu kümmern. Also versucht er etwas anderes, um Tom zu helfen: Von einem guten Kunden erfährt er, dass dringend ein erfahrener Geschäftsführer gesucht wird. Ohne sich groß Gedanken zu machen, preist er Tom an und macht für ihn einen Vorstellungstermin.

Tom bekommt den Job. Zum Ärger seines alten Chefs kündigt er die Arbeit am Kulturinstitut und fängt schon wenige Wochen später bei Udos Kunden an. Und während Udo sich noch freut, Tom geholfen zu haben, schlägt die Stimmung im Kulturinstitut um. Plötzlich werden Udos Seminare boykottiert und müssen eingestellt werden. Auf einmal erhält er keine Unterlagen mehr und kann keine Konzepte mehr erstellen. Dann bekommt er einen Brief, in dem man ihm nahelegt, den Be-

ratungsauftrag als beendet anzusehen, da man die Effektivität seiner Arbeit nicht erkennen könne.

Udo ist geschockt. Er fragt sich, was passiert ist, und mutmaßt, dass es an seiner Hilfestellung für Tom liegt. Doch es kommt noch dicker. Fast zeitgleich erhält er einen Anruf des Kunden, der sich Toms angenommen hat. Der Kunde beschwert sich: »Wen haben Sie mir denn da empfohlen? Das ist ja ein richtiger Stänkerer – erst hetzt er einen gegen den anderen auf, und dann legt er sich auch noch mit einem guten Kunden an. Was soll ich mit dem denn jetzt anfangen?« Udo versucht ihn zu beruhigen und nimmt Tom in Schutz. »Er ist halt kein Lehrling mehr, vielleicht auch ein bisschen verschroben, dafür aber doch ein Mann mit viel Erfahrung. Reden Sie mit ihm, dann lassen sich die Anfangsschwierigkeiten bestimmt aus der Welt schaffen.« Nach diesem Telefonat wird Udo klar, dass er diesen Kunden wohl auch verloren hat, und es packt ihn die Wut. »Wo habe ich mich da bloß hineinziehen lassen? Ich wollte Tom nur helfen. Der aber bringt es fertig, sich überall unbeliebt zu machen und mich und meinen Namen gleich mit zu ruinieren«, denkt er.

Und als er nach einem Gespräch mit Toms ehemaligem Chef auch noch erfährt, dass Tom hinterrücks gegen ihn intrigiert hat, ist er erst recht verärgert. Zum einen hat er den Auftrag im Kulturinstitut verloren. Zum anderen hat er sich bei einem guten Kunden unbeliebt gemacht. Ihm wird er nie wieder seinen Rat verkaufen können. Und Tom lässt sich am Telefon verleugnen. Udo ärgert sich über sich selbst: »Wie konnte ich nur so naiv sein?«

Auch das ist eine Form von selbst erfüllender Prophezeiung: Wenn andere an unser Gewissen appellieren, um zu erreichen, dass wir uns für ihre Interessen einsetzen, wir dabei am Ende aber gegen uns selbst handeln.

Für Udo hatte seine Hilfsbereitschaft nicht nur wirtschaftliche Einbußen zur Folge. Ihn, der nur helfen wollte, schmerzt vor allem, dass er aufgrund seiner menschlichen Anteilnahme sich selbst ein Bein gestellt hat. Er hat sich aus Unerfahrenheit in eine negative Sicht eines anderen hineinziehen lassen – wollte dem vermeintlichen Verlierer eine neue Perspektive aufzeigen und wurde am Ende selbst zum Verlierer.

Sich von schlechten Erfahrungen nicht beirren lassen

Solche Erfahrungen tragen immer ein Stück dazu bei, sich im Anschluss daran zu denken: »Beim nächsten Mal handle ich nicht wieder wie ein naiver Anfänger« oder »Ich lass mich so leicht nicht wieder aufs Glatteis führen«. Und die menschliche Enttäuschung ruft in uns den Impuls hervor, sich Menschen gegenüber im Allgemeinen zu verhärten. Gerade im Beruf ist man dann geneigt, die Mauer um das eigene Leben noch höher zu ziehen. Doch lassen wir nicht außer Acht, dass auf diese Weise etwas von jenem Menschen auf uns abfärbt, den wir als destruktiv und charakterlos kennenlernten. Kurz: Wir verhärten uns, werden ein Stück wie der, der uns geschadet hat.

Deshalb sollten Sie sich unbedingt die Frage stellen: Will ich das zulassen? Oder wollen Sie nicht lieber standfest positiv Ihren Weg weitergehen und sich sagen: »Lieber Gott, ich danke Dir, dass ich nicht so bin wie dieser da.«

Denn es blockiert all unsere positiven Energien, wenn wir aus solchen Erfahrungen negative Konsequenzen ziehen. Ich möchte Ihnen daher empfehlen, sich auch im Beruf so etwas wie eine geistig-seelische Positiv-Insel zu schaffen, von der aus Sie tagtäglich operieren und auf die Sie sich immer wieder zurückziehen können, wenn Ihnen danach ist. Selbstredend können Sie sich Ihre Kollegen nicht aussuchen. Sie können sich auch nicht davor schützen, Fehler zu machen und neue Kollegen, Kunden oder Chefs falsch einzuschätzen. Doch macht es Sinn, sich bestimmten Kollegen gegenüber stets positiv abzugrenzen.

Zu diesem Thema noch ein weiterer Tipp: Haben Sie ein Auge auf die Spezies der »Doppelagenten«. Mit ihnen kann man gut über die Macken des Chefs schimpfen und sich über die Schwächen anderer Kollegen unterhalten. Doch Vorsicht: »Doppelagenten« haben immer ein eigenes Ziel vor Augen und leiten daher nicht selten Ihre eigene Bemerkung, sei sie auch noch so harmlos gemeint, an andere weiter. Darum gehen Sie denen, die über Kollegen oder den Chef lästern, konsequent aus dem Weg. Lassen Sie sich nicht zu missfälligen Äußerungen über andere verleiten. Greifen Sie zum Telefon, oder schlagen Sie eine Akte auf, um gleich zu signalisieren, dass Sie lieber arbeiten, als zusammenzustehen und beim Negativgeschwätz mitzumachen. Haben Sie Antennen für die Sticheleien innerhalb von Arbeitsgesprächen. Wenn Sie können, brechen Sie derlei Gespräche mit einer Begründung freundlich ab.

Meinen Sie vor allem in Zeiten von Mobbing und wirtschaftlicher Rezession nicht, mit den Wölfen heulen zu müssen, um dabeizubleiben. Bedenken Sie, dass Sie mitunter viel schneller draußen sind, wenn Sie sich nicht dagegen zur Wehr setzen. Deshalb: Mit einer guten Gedankenprogrammierung können Sie immer und überall etwas erreichen. Menschen hingegen, die negative Stimmung verbreiten, werden auf Dauer nirgendwo längerfristig geduldet. Glauben Sie also nicht, in den Chor der Miesmacher mit einstimmen zu müssen. Leben Sie Ihre Positiv-Insel auch am Arbeitsplatz. Und lassen Sie sie jeden Tag ein Stückchen größer werden. Überall gibt es Mitarbeiter, die positiv eingestellt sind. Suchen und finden Sie sie. Freunden Sie sich mit ihnen an und schaffen Sie sich so Verbündete im Geiste.

So lassen Sie sich nicht zumüllen

Suchen Sie auch das Positive, wenn Sie aufgrund der täglichen düsteren Nachrichten bedrückt sind. Gift in Nahrungsmitteln, misshandelte Kinder, Flugzeugunglücke, Naturkatastrophen, Mord und Betrug sind weiß Gott kein Grund, fröhlich zu sein.

Doch müssen wir uns auch vor Augen halten, dass die Themen der Medien oftmals danach zusammengestellt sind, was den Massenhunger nach schlechten Nachrichten stillt. Denn nur »bad news are good news«, wie es in Journalistenkreisen heißt. Das bedeutet, dass sich schlechte Nachrichten besser verkaufen lassen als gute Nachrichten. Oder: »Good news are no news« – »Gute Nachrichten sind keine Nachrichten«.

Viele Menschen folgen der Anziehungskraft der negativen Nachrichten. Und diese legen sich ihnen aufs Gemüt – dem einen mehr, dem anderen weniger. Doch immer führen sie dazu, dass man den Glauben an das Gute leicht verlieren kann.

Und so kommt es, dass, wer die Tageszeitung aufschlägt oder den Fernseher einschaltet, zwangsläufig manchmal glauben mag: »Wozu überhaupt noch positive Zeichen setzen, wenn doch eh alles den Bach hinuntergeht.« Oder: »Wie soll ich dem Alltag mit einer positiven Einstellung entgegentreten, wenn überall nur Lüge und Betrug herrschen, Zwietracht und Zank«, »Wie kann ich sagen: ›Alles wird gut‹ oder: ›Ich schaffe es‹, wenn es da draußen so zugeht und es an allen Ecken und Enden brodelt in der Welt?«.

Daher die sanfte Mahnung: Nehmen Sie die Ereignisse des Tages nicht zum Anlass, sich eine positive Einstellung zu verbieten. Versuchen Sie, sich einen ausgewogenen Blick zurückzuerobern. Nicht alles, was wir beklagen, ist so, wie es auf die Entfernung scheint. Werfen wir auch immer mit in die Waagschale, dass überall auf der Welt auch positive Dinge existieren und nicht nur Seuchen und Skandale, Konkurse und Korruption. Denken wir auch an das, was gerade im Begriff ist zu wachsen, sich zu bessern, sich zu entwickeln, ohne dass es in den Nachrichten Platz fände. Vergessen wir nicht, dass es Bewegungen und Initiativen gibt, die still vor sich hin arbeiten und große Erfolge erzielen, ohne dass sich die Presse dafür interessiert.

Natürlich ist es einfacher, sich von der herrschenden Untergangsstimmung anstecken zu lassen und – wie es dem Zeitgeist entspricht – desillusioniert und abgeklärt zu sein. Man kann es ja auch niemandem verübeln. Denn nach den Zeiten von »no future« folgte sofort die nächste negative Strömung: Frustration und Verdrossenheit. Ich möchte Sie auch gar nicht dazu verleiten, mit einer rosaroten Brille durch die Welt zu laufen. Das Entscheidende ist: Wir müssen diese Welt so nehmen, wie sie ist. Wir dürfen aber nicht vergessen, alles zu relativieren und nach dem Guten Ausschau zu halten – gerade auch deshalb, weil wir in einer schwierigen Zeit leben. Doch tatsächlich ist die Welt, in der wir leben, nicht »nur« schlecht. Sie wird uns schlechtgeredet. Und wir selbst neigen ebenfalls dazu, nach Kriterien Ausschau zu halten, die uns den Aufenthalt auf dieser Welt zur Qual werden lassen.

Wichtig ist nur eines: Gerade wenn Sie selbst in der Vergangenheit vielleicht manchmal dachten, die Welt da draußen sei ebenfalls mit schuld daran, dass Ihnen im Leben manches nicht leicht gemacht wurde – gerade dann sollten Sie eine neue Haltung anstreben. Öffnen Sie sich für die vielen kleinen schönen und glücklichen Momente, die auch existieren. Fragen Sie die Positivaspekte ab.

Tipp: *Unternehmen Sie doch einmal den Versuch, für jede schlechte Nachricht des Tages eine gute ausfindig zu machen. Denn da, wo ein Konflikt gemeldet wird, ist vielleicht nebenan auch ein Ansatz zu Friedensverhandlungen zu vermelden. Dort, wo ein Öltanker das Meer verschmutzt hat, kämpfen freiwillige Helfer unter Einsatz ihres Lebens um das Leben der Seevögel. Wenn Firmenpleiten und Konkursverwaltungen aufgelistet sind, stehen auf der nächsten Seite Grußanzeigen mit teilweise originell formulierten, erheiternden Texten. Der nicht zu unterschätzende Effekt: Der Negativeindruck minimiert sich. Sie bekommen ein Gefühl dafür, wie viel positive Energie täglich mit am Werke ist. Ge-*

hen Sie noch einen Schritt weiter: Minimieren Sie auch den Negativmüll aus den Medien. Fassen Sie den Entschluss, gewisse Sonderberichte von der Entführung bis zum Amokläufer und den höheren Benzinpreisen nicht mehr anzuschauen. Begnügen Sie sich mit Kurznachrichten.

Bestellen Sie reißerisch aufgemachte Magazine ab. Oder noch besser: Minimieren Sie Ihre Ohnmachtsgefühle und die aufgrund der Nachrichtenthemen angestaute Wut, indem Sie aktiv werden.

Treten Sie einem Arbeitskreis bei, der sich für Behinderte oder Alte einsetzt. Geben Sie etwas von Ihrer Kraft ab, um Menschen eine Freude zu machen und Abwechslung zu bieten, die sonst in dieser Hinsicht wenig Gutes erfahren. Auf diese Weise schaffen Sie sich selbst ein neues Verhältnis zur Welt und zu den Menschen. Und Sie werden wieder spüren, wie gut es tut, an positiven Ereignissen mitzuwirken.

Um was es also geht, ist, anders zu sehen, anders zu hören und andere Schlüsse zu ziehen als früher. Weigern Sie sich einfach, dem ständig lamentierenden Umfeld zu viel Aufmerksamkeit zu schenken. Bedenken Sie, dass Sie noch mit einer geistig-seelischen Wunde behaftet sind, die erst einmal verheilen will. Die unkontrollierte Berieselung mit Medienmüll ist der Heilung nur abträglich. Zuträglich ist: Jeden neuen Tag als einen Versuchszeitraum zu betrachten, in dem Sie die Karten für Ihre Zukunft neu mischen können. Denn wenn Sie anfangen, anders zu denken, anders zu hören, anders zu schauen, so fangen Sie an, anders zu leben – positiver, wenn Sie wollen.

Die Mentalität des Vorsichtigen überwinden

Ich möchte dieses Kapitel nicht beenden, ohne auch noch einmal auf jene negativen Lebensbotschaften zu sprechen zu kommen, die quasi Kulturgut sind und daher jedem von uns in gewisser Dosierung in die Wiege gelegt worden sind. Es handelt sich um ein typisch deutsches Phänomen, das man in England und Amerika »The German Angst« nennt. Vielleicht haben Sie schon davon gehört. »Angst« ist einer der wenigen deutschen Begriffe, die in die englische Sprache Eingang gefunden haben. Mit »German Angst« ist nichts anderes gemeint als die deutsche Furcht vor allem, was neu ist.

Wie jeder weiß, heißt es von uns Deutschen, dass wir in der Regel ein ausgesprochen hohes Sicherheitsbedürfnis haben. Das zieht nicht selten eine entsprechend niedrige Risikobereitschaft nach sich. Das zeigt sich zum einen an der Art, wie wir Verwaltung praktizieren – nirgendwo auf der Welt sind die Gesetzesvorlagen so umfangreich wie bei uns. Es zeigt sich vor allem aber auch daran, wie wir mit dem Neuen umgehen, dem Unbekannten, dem nicht genau Kalkulierbaren. Wie rasch sind wir geneigt zu mutmaßen: Was könnte passieren? Wie sollte das gut gehen?

Wo ist der Haken an der Sache? Ein Negativ-Szenario zu entwerfen liegt uns eher, als mit enthusiastischem Anlauf auf etwas Unbekanntes zuzugehen. Und weil wir alle Kinder dieser Nation sind, die eher gründlich und ernsthaft an die Dinge herangeht als leichtfüßig und waagemutig, so liegt sie in uns allen verborgen – diese »German Angst« vor dem Unentdeckten, Nichtprobierten und Nichtgelebten ist in jedem. Ich schätze, in Ihnen genauso wie in mir.

Gerade weil uns diese Angst vor dem Neuen alle gleichermaßen betrifft, mehr oder weniger, so muss sich auch niemand dafür schämen. Sinnvoller ist es, sie einfach zu akzeptieren und sich selbst zuzugestehen, dass sie existiert. Das soll nicht heißen, dass wir uns ihr unterwerfen müssen. Denn das wäre fatal. Das hieße nichts anderes, als wiederum eine sich selbst erfüllende Prophezeiung zu leben – frei nach dem Motto: »Ich wusste, dass das nicht gut geht, und es geht nicht gut.«

Wollen wir jedoch Negativballast abwerfen bis zum Schluss, so sollten wir versuchen, uns auch davon zu befreien, respektive immer wieder probieren, Veranlagungen dieser Art zu überwinden. Denn geben wir uns ihnen hin, reduzieren sich unsere Veränderungsmöglichkeiten in eklatanter Weise. Wir bremsen uns, und unser Vorhaben, noch mehr auf die sonnige Seite des Lebens überzuwechseln, rückt wieder in weite Ferne.

Machen Sie Träume wahr

Deshalb: Reißen Sie sich los. Und trauen Sie sich etwas zu. Überwinden Sie die uns angeborene typische Übervorsicht. Kümmern Sie sich mutig darum, was Sie schon immer machen wollten, aber nie gewagt haben, in Angriff zu nehmen. Denn darauf möchte ich Sie auch vorbereiten: Je mehr Sie es lernen, sich gegen negative Beeinflussung und Willenslenkungen von außen zur Wehr zu setzen, desto mehr treten Pläne und Träume ans Tageslicht, die Sie möglicherweise vor Jahren schon als »nicht machbar« zu den Akten gelegt haben.

Jetzt ist die Zeit gekommen, sich wieder damit zu beschäftigen. Denn jetzt haben Sie die richtige Einstellung dafür gefunden, dass daraus etwas werden kann. Ich möchte Sie also auffordern, aus dem gewohnten Trott auszubrechen und all den kleinen und großen Plänen und Ideen freien Lauf zu lassen, die Sie schon seit Langem mit sich herumtragen. Rufen Sie sich in Erinnerung, was Sie vielleicht sogar als Kind schon erträumten und als Erwachsener nun endlich in Angriff nehmen könnten. Vor allem: Lassen Sie sich, was die Möglichkeiten der Umsetzung betrifft, nichts mehr einreden – nicht von anderen Menschen und nicht von sich selbst. Denn Abwehrargumente wie: »Geht doch alles nicht«, »Vielleicht nach der Pensionierung« oder: »Was da nicht alles schief gehen kann« zählen jetzt nicht mehr, da Sie so weit vorgedrungen sind. Lassen Sie also die äußeren wie inneren Bedenkenträger links liegen. Kommen Sie aus dem Sessel hervor. Konzentrieren Sie sich auf Ihre Vorhaben, Ideen und Visionen von einst, welcher Gestalt sie auch sein mögen. Jetzt ist mehr drin, als Sie glauben. Jetzt können Sie die nötige Power dafür freisetzen. Jetzt können Sie Träume wahr machen.

Deshalb die Fragen: Wollten Sie nicht immer schon einmal mit einer Freundin ein kleines Café eröffnen oder eine Galerie mit junger Kunst? Hatten Sie nicht schon früher diesen Traum, mit einem guten Kumpel die Tour über die Route 66 zu machen, mit einem Chevrolet oder einer Harley Davidson? War da nicht auch Ihre Liebe zur Literatur, zur Musik oder zum Theater, der Sie sich eines Tages intensiver widmen wollten – wie gesagt: »eines Tages«! Wollten Sie nicht wieder mehr reiten, bergsteigen, Safaris machen? Oder träumen Sie eher davon, sich eine kleine Werkstatt einzurichten und Möbel zu bauen, Marionetten zu entwerfen oder Teekannen zu töpfern? In welche Richtung Ihre Wunschträume und Pläne auch gehen – zögern Sie nicht länger. Tun Sie es. Am besten machen Sie sich noch heute auf den Weg und tasten sich ein erstes Stück vor, auf dem Weg in die gewünschte Richtung.

Würgen Sie sich vor allem nicht mehr selbst ab, indem Sie sich vorsagen, Sie seien für all das gar nicht geschaffen; Ihnen fehle dazu das Geld, die Zeit – die Freiheit, ohne Familie, ohne Anhang zu sein. Denn auch hierin verbirgt sich erneut eine Prophezeiung, die auf den Weg gebracht wird. Denn: Wer sagt, er habe keine Zeit, wird sich niemals die Zeit dafür nehmen. Wer denkt, kein Geld dazu zu haben, wird es niemals zusammenbekommen. Wer meint, die eigene Familie würde es nicht mitmachen, wird von seiner Familie niemals den Freiraum bekommen, den er benötigt, um Pläne zu verwirklichen und Vorstellungen in die Tat umzusetzen.

Deshalb: Sprechen Sie mit den Menschen darüber, die Ihnen etwas bedeuten. Legen Sie offen, weshalb Sie Ihr Leben verändern, Pläne verwirklichen und etwas wagen wollen. Und beziehen Sie sie nach Möglichkeit von Anfang an mit ein. Reden Sie auch mit Personen, die schon Erfahrung auf dem Gebiet haben, das Sie sich erobern möchten. Sammeln Sie so viele Informationen, wie Sie erhalten können. Und seien Sie auch auf Widerstände gefasst. Bereiten Sie sich mental darauf vor, bei Rückschlägen und Niederlagen wieder aufzustehen und es noch einmal zu versuchen.

Treffen Sie nun Ihre Wahl, zu welchen Menschen Sie fortan gehören möchten: zu denen, die sich nach einer negativen Erfahrung gleich ins Bockshorn jagen lassen, oder zu denen, die wieder und wieder versuchen, ihr Lebensglück selbst neu in die Hand zu nehmen.

Lösen Sie deswegen auch den letzten Rest jener mentalen Verneinungsspirale in Ihnen auf. Ihre Vorstellungen von einem Leben, das Sie schon immer gerne führen wollten, können nicht ewig warten. Wenn Sie sich die herbe Enttäuschung ersparen wollen, den richtigen Augenblick verpasst zu haben, dann sollten Sie gleich zur Tat schreiten, auch wenn es Ihnen Angst bereitet. Denken Sie dran: Sie haben nur dieses eine Leben. Vergessen Sie, mit welchen klein machenden Lebensbotschaften Sie möglicherweise einst gestartet sind. Denn von dem Tag an, an dem Ihnen das gelingt, entwickeln Sie eine enorme Kraft. Diese Kraft ermöglicht es Ihnen, bei fast allem, was Ihnen in Gegenwart und Zukunft begegnet, Glück zu empfinden, wo andere alles nur grau in grau sehen.

6. Das Prinzip der Ermunterung

»Keine Angst: Du schaffst das!«

Bei allem, was Sie bis jetzt gehört haben, scheint es das Beste zu sein, dass Sie sich einen positiven Schutzschild anlegen. Noch besser ist:

Praktizieren Sie auch selbst eine Kultur des positiven Umgangs mit den Menschen, die Ihnen nahestehen. Das heißt: Seien Sie großzügig im Umgang mit den anderen. Ermuntern und ermutigen Sie sie, wo immer es sich anbietet. Nutzen Sie im Alltag jede Gelegenheit, positive Botschaften auszusprechen und an Ihre Mitmenschen weiterzugeben. Denn leider denken wir alle viel zu selten daran. Viel zu oft sind wir nur auf unsere eigenen Befindlichkeiten fixiert. Dabei kostet es uns wenig, Menschen, die wir mögen und lieben, kleine positive Lebensbotschaften mit auf den täglichen Weg zu geben. Der Mensch, mit dem wir zusammenleben, aber auch unsere Freunde, die alleinstehende Dame aus dem Nachbarhaus oder unsere Eltern freuen sich über ein aufbauendes Wort, eine ermunternde Botschaft. Daher verschenken Sie Ermunterung und Ermutigung im Überfluss. Hier einige Beispiele, wie Sie aufbauend aktiv werden können:

- Hinterlassen Sie Zettelchen, auf denen mehr steht als das übliche »Bin beim Einkaufen« oder »Muss heute länger arbeiten«. Vielleicht schreiben Sie auch Dinge hinzu wie: »Danke, dass Du mir gestern Abend so lieb zugehört hast«, »Ich wünsche Dir heute einen besonders schönen Tag«, »Du bist die/der Beste«, »Du bist für mich die/der Schönste«, »Du wirst sehen – alles wird gut«.

- Nutzen Sie dazu auch das Handy. Die SMS ist nicht nur für Jugendliche, sondern für jeden ein idealer Weg, sich spontan eine »Short Message« zuzufunken und ein paar positive Botschaften zu verschenken, wie zum Beispiel: »Keine Sorge, Du schaffst das – die Prüfung/das Vorstellungsgespräch«, »Ich bin stolz auf Dich«, »Deine Ideen zünden«, »Mach das Beste aus diesem Tag«, »Lass Dich nicht beirren – geh den Weg Deines Herzens«.
- Schreiben Sie eine freundliche E-Mail. Denn ebenso direkt und bequem benutzbar wie eine SMS ist die elektronische Post. Außerdem hat man die Möglichkeit, noch eine Fotografie oder irgendeinen Text anzuhängen. Deshalb: Nutzen Sie Ihren Computer noch öfter als bisher, um Ermunterung zu versenden. Warum sollten Sie nicht beispielsweise ein Bild verschicken, das Sie beide im Urlaub zeigt, einen Smiley, der für heitere Miene sorgt, eine humorige Geschichte, einen Cartoon, eine alberne Werbung aus dem Internet – alles, was Spaß macht und aufbauend wirkt, ist erlaubt. Wenn Sie außerdem ein paar Worte hinzufügen wie: »Aus Dir wird mal ein ganz Großer«, »Bleib, wie Du bist«, »Du bist die Frau, die ich jederzeit wieder heiraten würde«, »Das Leben mit Dir ist wunderschön« oder: »Hallo Augenstern, immer noch so schön wie gestern?« oder: »You are simply the best«, wie im Tina-Turner-Song, so kann das aufbauender wirken als eine Glückspille.
- Schreiben Sie Briefe. Zwar ein wenig aus der Mode gekommen, ist das doch immer noch die persönlichste Art, einem Menschen eine Information zukommen zu las-

sen. Deshalb sollten Sie es richtiggehend zelebrieren, sich in eine ruhige Ecke zurückziehen, den Füllhalter genussvoll mit Tinte aufziehen und sich den Menschen, den es angeht, vor dem geistigen Auge vorstellen. Ziehen Sie alle Register Ihrer Sprachkraft und reden Sie auch über Ihre Gefühle. Vielleicht schreiben Sie hinein, wie sehr Sie den anderen vermissen, dass er ein wertvoller Mensch für Sie ist, wie begabt und talentiert Sie ihn finden und dass er nicht aufgeben soll – wenn er momentan schwere Zeiten durchstehen muss. Das Schöne am Briefeschreiben ist auch: Man kann den anderen mit Namen anreden, die man für gewöhnlich nicht ausspricht, wie etwa: »Du Zauberfee, Gipfelstürmer, Kuschelmonster, Powerfrau, Traummann, Hauptgewinn, Muntermacher, Lebenselixier ...« Daher, ob ulkig oder liebevoll – denken Sie sich auch Anreden aus, die den anderen aufwerten und aufbauen.

- Führen Sie Gespräche. Denn nicht zuletzt können und sollen Sie natürlich auch direkten Kontakt suchen, sei es am Telefon oder im persönlichen Gespräch unter vier Augen. Ob es die beste Freundin ist oder der Partner – vergessen Sie auch hier nicht, Aufbauendes zu formulieren wie beispielsweise: »Für mich bist du ein Kämpfertyp«, »Du wirst bestimmt noch viele Ideen haben«, »Du hast doch zwei so nette, intelligente Kinder«, »Ihr habt ein so schönes Haus«, »Du wirst bestimmt noch einen ganz lieben Mann/eine ganz liebe Frau kennenlernen«, »Du solltest jetzt nach vorn schauen«, »Du wirst sehen, jetzt bricht deine Zeit erst richtig an«, »Du kannst das«, »Du siehst immer noch gut aus«, »Du bist nicht aufzuhalten«.

Andere Menschen fördern und befreien

Wenden Sie dieses einfache Prinzip der Ermunterung auch bei Kindern und Jugendlichen an – seien es die eigenen oder die von anderen. Es finden sich im Alltag immer genügend gute Gründe, weshalb wir sie zu Taten ermutigen, für Leistungen loben oder sie ganz einfach als wertvolle Menschen bestätigen sollten. Hierzu ein kleines Beispiel, wie diese Ermunterung in einen Dialog gebettet sein kann.

> *»Papa, was machst du da?« – »Ich baue eine große Schaukel für dich und Leonie.« – »Ist das schwer?« – »Ja, schon, du siehst ja die dicken Balken hier liegen.« – »Soll ich dir helfen?«*

Was der Vater seiner fünfjährigen Tochter Laura als Nächstes wohl antwortet? Er könnte es sich leicht machen und sagen: »Nein, das ist zu schwer für dich«, »Nein, dafür bist du noch zu klein«, »Nein, bleib besser weg, das ist gefährlich«, Oder gar: »Nein, das ist Männerarbeit«. Doch die kleine Laura hat Glück. Denn der Vater sagt:

> *»Ja, das ist schön, dass du mir zur Hand gehen willst.«*

Und er lässt die kleine Laura mitarbeiten. Er bezieht sie mit ein. Er lässt sie das Metermaß holen und Schrauben anreichen, den Winkel anhalten und Markierungen anzeichnen, das Lot halten und einen Teil des Aushubs in der Kinderschubkarre abtransportieren. Er erklärt ihr die verschiedenen Schrauben und die Funktion der Wasserwaage. Als später der Nachbar beim Aufstellen des Schaukelgerüstes hilft und versehentlich nach einer falschen Schraube greift, erklärt sie ihm stolz den Unterschied zwischen Kreuz- und Schlitzschrauben.

Leider ist das nicht die Regel. Viele Erwachsene machen sich nicht die Mühe. Neueste Untersuchungen zeigen, dass sich viele Kinder und Jugendliche nichts zutrauen. Deshalb gehen Sie bewusst einen anderen Weg – auch wenn Sie an diesem Tag vielleicht angestrengt sind oder wenig Zeit haben. Achten Sie in solchen Augenblicken genau darauf, was Sie sagen. Machen Sie sich immer wieder bewusst: Was Sie von sich geben, sind Botschaften, die sich tief einprägen können, im Guten wie im Schlechten. Die kleine Laura lernt an diesem Nachmittag nicht nur eine Menge, sie tankt auch eine große Portion Selbstbewusstsein. Vor allem, weil ihr Vater sie ständig ermuntert mit Äußerungen wie: »Das hast du aber toll gemacht», »Na, du bist schon richtig stark«, »Versuch es einfach – da kann nichts passieren«, »Du kannst das«.

Zeigen, dass man an den anderen glaubt

Wenn Sie eine Ermunterung auch aussprechen mögen – wichtig ist, dass zwischen den Zeilen kein Druck mitschwingt. Denn was so klingt wie:

»Du schaffst das – weil ich das von dir nicht anders erwarte« oder: »Nun trau dich schon – sonst bist du für mich kein richtiger Junge« signalisiert eine Forderung, die es zu erfüllen gilt. Und das macht Angst und blockiert Energien. Achten Sie deshalb darauf, Signale, die Druck erzeugen, stets zu vermeiden. Geben Sie mit Ihren Worten immer ein klares Zeichen dafür, dass Sie an den anderen glauben. Die Botschaft muss sein: »Du schaffst das – doch wenn du es nicht schaffst, macht das auch nichts. Meine Zuneigung zu dir bleibt dir immer erhalten.« Oder: »Trau dich, pack es an – doch wenn du Angst hast, es anzupacken, kannst du es auch lassen. Dann bist du für mich trotzdem noch ein richtiger Junge.«

Das Prinzip der Ermunterung anzuwenden, ohne unterschwellig Druck zu machen, ist erst recht wichtig, wenn bereits Probleme existieren. Denn wenn ohnehin die Gefahr besteht, dass das Kind (oder ein Jugendlicher oder Erwachsener) Fehler macht, weil es Anforderungen vielleicht nicht gewachsen ist oder weil es schon früher auf Leistungserwartungen mit Versagen reagiert hat, so braucht man ein bisschen Fingerspitzengefühl. Wie im folgenden Beispiel:

Hendrik ist auf dem Gymnasium und hat Lernschwierigkeiten. Die Gründe dafür sind vielfältig: Zunächst hat er den Anschluss an den Stoff verpasst. Denn er war lange krank und musste sechs Wochen zur Kur, bevor er wieder in die Schule konnte. Seine Mutter Nina erzieht ihn alleine und macht zurzeit noch eine berufsbegleitende Fortbildung. Das bedeutet: Hendrik muss sich selbst organisieren, denn Nina geht tagsüber zur Arbeit und ist nach dem Lernen abends viel zu erschöpft, um sich noch großartig um Hendrik zu kümmern.

Als eines Tages der blaue Brief eintrifft, weil die Versetzung von Hendrik gefährdet ist, gibt es ein Donnerwetter. Nina bekommt einen Wutanfall und schimpft mit Hendrik. Dann macht sie sich selbst Vorwürfe, hat Scham- und Schuldgefühle, weil sie weiß, dass sie sich um ihren Sohn nicht so kümmern kann, wie es eigent-

lich nötig wäre. Sie glaubt, Hendrik vom Gymnasium nehmen zu müssen. Also beschließt sie, den Klassenlehrer zu fragen, was zu tun ist.

Der Klassenlehrer, ein engagierter Mensch mit einem guten Gespür für seine Schüler, rät Nina davon ab, Hendrik von der Schule zu nehmen. Er hält auch nichts davon, Hendrik mit Tadel oder gar Strafe unter Druck zu setzen. Die Ausgrenzung, die Hendrik ohnehin schon erfährt, weil er im Stoff hinterherhinkt, würde so nur verschärft. »Dadurch würde er sich zu Recht alleingelassen fühlen, denn schließlich kann er nichts dafür, dass er so lange krank war«, sagt der Lehrer. »Er würde automatisch damit beginnen, sich selbst schuldig zu fühlen, und sich sagen, er sei schlecht und nichts wert. Und das kann Folgen für das ganze Leben haben.«

Aus diesem Grund rät er Nina zu einem leicht umsetzbaren Aufbau- und Vertrauensmodell. Er bittet sie, Hendrik jeden Tag deutlich zu zeigen, dass sie an ihn glaubt – egal ob er gute oder schlechte Noten mit nach Hause bringt. Sie soll dies dergestalt durchführen, dass sie offen thematisiert, weshalb er es zurzeit schwer hat in der Schule, warum manche Klassenkameraden ihn jetzt an den Rand drängen und dass er bald wieder dabei sein wird – ja, dass er sogar mit Sicherheit wieder ein richtig guter Schüler werden wird, vielleicht der Beste der ganzen Klasse.

Nina hält sich an den Rat des Pädagogen. Sie achtet darauf, dass ihr keine Sätze mehr herausrutschen wie: »Wo soll das nur enden mit dir.« Im Gegenzug dazu fragt sie ihn fast jeden Tag: »Na, war es heute schon ein bisschen besser in der Schule?« Und wenn Hendrik dann wie gewöhnlich verneint, sagt sie nur: »Macht nichts, du wirst sehen, das kommt schon noch.«

Ihre Aufmerksamkeit im Umgang mit Hendrik wird belohnt. Zwar muss er wie befürchtet die Klasse noch einmal wiederholen.

Doch wird er in seiner neuen Klasse schon bald zum Klassensprecher gewählt, zudem beteiligt er sich äußerst rege am Unterricht und erarbeitet sich in vielen Fächern gute Noten.

Nina kann nur noch staunen, wie sich ihr Junge entwickelt hat – bloß, weil sie sich wirklich auf ihn eingelassen hat, mit ihm gefühlt hat, seine Schwächen akzeptiert und ihm fast täglich eine Zeit in Aussicht gestellt hat, in der es für ihn wieder aufwärts geht. Das Resultat: Aus dem Kind mit Lernschwächen ist eine widerstandsfähige Persönlichkeit geworden, die sich einsetzt und vielfältige Herausforderungen konstruktiv meistert.

Nina freut sich: Es ist ihr gelungen, ihren Jungen stark zu machen.

Haben Sie ebenfalls den Mut, Ihr Kind oder das von anderen durch Ermunterung stark zu machen: Wenn es Probleme gibt, ist dies wichtiger als alles andere.

Wichtig ist aber auch, dass man darauf achtet, nicht die eigenen Ängste zu übertragen. Denn Angst ist ein schlechter Motivator.

In Krisenzeiten und Phasen der Zweifel sorgt er für Demotivation. Versuchen Sie daher, die eigenen Ängste im Griff zu haben und die richtigen Signale zu geben.

Gehen Sie mit Ermutigungen großzügig um

Machen Sie sich bewusst, dass jede Form von Ermunterung auch immer eine Form der Zuwendung, der Zuneigung im wahrsten Sinne des Wortes bedeutet – auch in Gestik und Körperhaltung.

Und da unsere Welt immer weniger von Warmherzigkeit und dem gut gemeinten Klaps auf die Schulter geprägt ist, sollten Sie ein anderes Konzept leben. Wenden Sie sich Ihrem Gegenüber zu, schauen Sie ihm in die Augen, legen Sie ihm freundschaftlich die Hand auf den Arm und begleiten Sie Ihre ermunternden Worte mit einem Lächeln, einem Lachen, einem aufheiternden Blick. So bewirken Sie beim anderen – ob Kind oder Partner – am ehesten, dass dieser wieder an sich selbst glaubt. So zeigen Sie am deutlichsten: »Ich glaube wirklich an dich und sage es nicht nur so daher«, und: »Ich stehe wirklich hinter dir und ziehe mich nicht aus der Affäre, wenn es brenzlig wird.«

Wenn Sie Ihre verbale Ermunterung also auch mit der Sprache Ihres Körpers unterstützen, wird es Ihnen umso leichter gelingen, die einzigartigen Kompetenzen eines Menschen aufzuspüren und zu ihrer Entfaltung beizutragen. Das gilt für die Unterstützung im Eltern-Kind-Verhältnis genauso wie in der Partnerschaft, im Verhältnis zu Freunden und Freundinnen oder in der konstruktiven Zusammenarbeit mit Kollegen oder Mitarbeitern. Ihr Einsatz kann der Schlüssel dazu sein, dass Menschen sich zutrauen, Herausforderungen zu meistern und über sich selbst hinauszuwachsen. Denn aufmunternde Worte und Gesten können Kräfte und Talente freisetzen, die zuvor verborgen waren. Sie können den Zweifler beflügeln, Aufgaben anzufassen oder Entscheidungen zu fällen, die ihm zuvor als undurchführbar schienen. Sie können denen ein Lächeln ins Gesicht zaubern, die zuvor noch dachten, am Ende zu sein.

Werden Sie sich dieser persönlichen Kraft und Macht bewusst. Setzen Sie sie ein, um Horizonte zu öffnen, um positive Erfahrungen sowohl bei Kindern und Jugendlichen als auch bei den Erwachsenen zu fördern. Helfen Sie mit, Interessen und Begabungen zu wecken, Talente zu fördern und das Selbstvertrauen der Menschen in Ihrer Umgebung zu stärken. Spendieren sie Anerkennung und Lob, wo immer die Situation es erlaubt. Denken Sie nicht, es sei unangebracht oder peinlich. Denken Sie nicht, das sei Sache der anderen. Machen Sie es zu Ihrer Sache. Denn jeder Mensch möchte angenommen und bestätigt werden – ob jung oder alt. Deshalb geizen Sie nicht mit aufbauenden Worten und freundlichen Gesten. Verschenken Sie reichlich davon. Und Sie tragen einen Teil dazu bei, dass unsere Welt ein bisschen lebenswerter wird, menschlicher und freundlicher. Das Schöne daran ist: Wenn Sie selbst das Prinzip der Ermunterung im Alltag anwenden, werden die anderen es Ihnen irgendwann gleichtun. Und die positiven Botschaften, die Sie selbst ausgegeben haben, kommen als positive Botschaften wieder zu Ihnen zurück.

Der Autor

Horst Conen ist ein renommierter Coach und gefragter Experte zum Thema Selbst- und Lebensmanagement. Er hat zahlreiche Bücher verfasst, in denen er praxisnahe Hilfe zur Selbsthilfe anbietet und deren Auflagen Bestsellerniveau erreicht haben. Das Hauptanliegen seiner Arbeit ist, Menschen dabei zu helfen, Denk- und Verhaltensmuster aufzulösen, mit denen sie sich unbewusst selbst blockieren. In ganz Deutschland berät er Unternehmer, Menschen in Helferberufen und Privatpersonen. Sie erfahren, wie sie mit sich selbst besser umgehen, ihre schlummernden Potenziale mobilisieren und diese für Erfolg in Beruf und Privatleben einsetzen können. Horst Conen gibt sein Wissen auch in Vorträgen und Seminaren weiter. Als Referent genießt er hohes Ansehen, da er Überzeugungskraft besitzt und durch Fachkompetenz und lebendige Darstellung zu begeistern weiß. Weitere Informationen und Kontakt zum Autor: *info@horstconen.com, www.horstconen.com.*

Weiterführende Literatur

Horst Conen: Die Kunst, mit Menschen umzugehen. Dumont Verlag. Köln 1991

Horst Conen: Du bist mehr, als du bist. Kösel Verlag. München 2000

Horst Conen: Ich fange jeden Tag neu an. Bechtermünz Verlag. München 2000

Horst Conen: Lass dich nicht verbiegen! Midena Verlag. München 2001

Horst Conen: Optimisten brauchen keinen Regenschirm. mvg Verlag. Landsberg am Lech 1999

Horst Conen: Positiv den Tag gestalten. Bechtermünz Verlag. Augsburg 1999

Horst Conen: Tu, was dir gefällt. Kösel Verlag. München 1998

Colette Dowling: Perfekte Frauen. S. Fischer Verlag. Frankfurt am Main 1992

Arthur Freeman/Rose DeWolf: Die 10 dümmsten Fehler kluger Leute. Piper Verlag. München 1997

Rolf-Dieter Hesch/Gerald Bosch: Absolut Mann. Midena Verlag. München 2001

Napoleon Hill mit Clement W. Stone: Erfolg durch positives Denken. Ariston Verlag. Genf 1968

James Hillman: Vom Sinn des langen Lebens. Kösel Verlag. München 2000

Harro Honolka: Die Eigendynamik sozialwissenschaftlicher Aussagen. Zur Theorie der Self-Fulfilling Prophecy. Campus Verlag. Frankfurt am Main 1976

Heinrich Jacoby: Jenseits von Begabt und Unbegabt. Christians Verlag. Hamburg 1936

Melvyn Kinder: Die Jagd nach dem Glück. Econ Taschenbuch Verlag. Düsseldorf, Wien 1991

Rupert Lay: Manipulation durch die Sprache. Langen Müller Herbig Verlag. München 1977

Peter H. Ludwig: Sich selbst erfüllende Prophezeiungen im Alltagsleben. Theorie und empirische Basis von Erwartungseffekten und Konsequenzen für die Pädagogik, insbesondere die Gerontagogik. Verlag für angewandte Psychologie. Stuttgart 1991

Elisabeth Mardorf: Das kann doch kein Zufall sein! Kösel Verlag. München 1997

Robert K. Merton: The Self-Fulfilling Prophecy. In: Antioch Review 8 (1948), S. 193–210

James Monaco: Film verstehen. Rowohlt Taschenbuch Verlag. Reinbek bei Hamburg 1980

Karl R. Popper: Alles Leben ist Problemlösen. Piper Verlag. München 1997

Horst-Eberhard Richter: Umgang mit Angst. Hoffmann und Campe Verlag. Hamburg 1992

Robert Rosenthal/Lenore Jacobson: Pygmalion im Unterricht. Lehrererwartungen und Intelligenzentwicklung der Schüler. Beltz Verlag. Weinheim, Basel 1976

Gerald G. Smale: Die sich selbst erfüllende Prophezeiung: positive oder negative Erwartungshaltungen und ihre Auswirkung auf die pädagogische und therapeutische Beziehung. Lambertus Verlag. Freiburg/Br. 1983

Paul Watzlawick: Anleitung zum Unglücklichsein. Piper Verlag. München 1983

Doris Wolf: Wenn Schuldgefühle zur Qual werden. PAL Verlagsgesellschaft Mannheim 1996

Weltbild Buchverlag
–Originalausgaben–

Genehmigte Lizenzausgabe 2008 für Verlagsgruppe Weltbild GmbH,
Steinerne Furt, 86167 Augsburg
4. Auflage 2009

Projektleitung: Gerald Fiebig
Umschlag: bürosüd°, München
Umschlagabbildung: Weltbild-Archiv
Satz: Sabine Müller
Druck und Bindung: CPI Moravia Books s.r.o., Pohorelice

Gedruckt auf chlorfrei gebleichtem Papier

Printed in the EU

ISBN 978-3-86800-088-7

Von A bis Z